L'ART DE BIEN AGIR

Groupe Eyrolles
61, bd Saint-Germain
75240 Paris Cedex 05

www.editions-eyrolles.com

Titre original : *Die Kunst des klugen Handelns –*
52 Irrwege die Sie besser anderen überlassen

Ouvrage publié sous la direction de Geoff Staines

Du même auteur :
Arrêtez de vous tromper ! 52 erreurs de jugement
qu'il vaut mieux laisser aux autres…, Eyrolles, 2012

ROLF DOBELLI

L'ART DE BIEN AGIR

52 voies sans issues qu'il vaut mieux laisser aux autres…

Illustré par El Bocho et Simon Stehle

Traduit de l'allemand par Sabine Rolland

EYROLLES

SOMMAIRE

© Groupe Eyrolles

AVANT-PROPOS

Le pape demanda à Michel-Ange : « Révélez-moi le secret de votre génie. Comment avez-vous créé la statue de David, ce chef-d'œuvre absolu ? » Michel-Ange répondit : « C'est très simple. J'ai supprimé tout ce qui n'était pas David. »

Soyons honnêtes. Nous ne savons pas avec certitude pourquoi nous réussissons. Nous ne savons pas vraiment ce qui nous rend heureux. Mais nous savons parfaitement ce qui brise la réussite ou le bonheur. Cette connaissance, aussi simple qu'elle puisse paraître, est fondamentale : le savoir négatif (savoir ce qu'il ne faut pas faire) est beaucoup plus puissant que le savoir positif (savoir ce qu'il faut faire).

Développer une pensée plus claire et agir plus intelligemment, cela signifie procéder comme Michel-Ange : ne vous concentrez pas sur David, mais sur tout ce qui n'est pas David, et éliminez-le. Autrement dit : débarrassez-vous de toutes vos erreurs de jugement et de toutes vos conduites défectueuses, et vos raisonnements comme vos actions deviendront naturellement plus justes.

Les Grecs, les Romains et les penseurs du Moyen-Âge nommaient ce procédé la *Via Negativa*, littéralement « voie négative », c'est-à-dire la voie du renoncement, de l'abandon, de la réduction. La théologie fut la première à emprunter la voie négative dans son approche du divin : on ne peut pas définir ce qu'est Dieu, on ne peut dire que ce que Dieu n'est pas. Transposée à notre époque, la voie négative devient : on ne peut pas dire ce qui nous fait réussir, on ne peut dire que ce qui nous empêche de réussir ou nous mène à l'échec. D'ailleurs, il est inutile d'en savoir plus.

En tant que créateur et chef d'entreprise, je suis moi-même tombé dans une multitude de pièges cognitifs. Heureusement, j'ai toujours su m'en sortir. Il n'empêche que lorsque je donne des conférences (on dit aujourd'hui *keynotes*, en référence aux présentations du défunt PDG d'Apple, Steve Jobs) devant des médecins, des conseils d'administration, des conseils de surveillance, des managers, des banquiers, des hommes politiques ou des responsables gouvernementaux, je me sens très proche d'eux. J'ai le sentiment d'être dans le même bateau que mon auditoire, et que nous ramons tous à travers l'existence, entourés par les flots tourbillonnants qui menacent de nous engloutir. Les théoriciens ont bien du mal avec la voie négative, contrairement aux praticiens qui la comprennent aisément. Le célèbre investisseur Warren Buffett a dit, parlant de lui et de son partenaire Charlie Munger : « Dans la vie des affaires, nous n'avons pas appris à résoudre les problèmes difficiles. Nous avons seulement appris à les éviter. » La voie négative par excellence.

Comme dans mon précédent livre, ces 52 nouvelles erreurs de jugement sont issues de mes chroniques parues dans *Die Zeit*, le *Frankfurter Allgemeine Zeitung* et le *Schweizer SonntagsZeitung*. Ensemble, ces deux livres couvrent la centaine de biais cognitifs les plus répandus.

Mon souhait est très simple : si nous parvenions tous à éviter les principales erreurs de jugement, que ce soit dans la sphère privée, le domaine professionnel ou la vie politique, la prospérité collective et le bien-être individuel feraient un saut quantique. Autrement dit : nous n'avons pas besoin d'être plus malins, plus inventifs ou plus actifs, mais simplement moins bêtes. Pour aller vers le « mieux », il faut passer par la voie négative. Michel-Ange en avait déjà pris conscience, et avant lui Aristote : « Le sage n'aspire pas au plaisir, mais à l'absence de souffrance. » Alors à vous, maintenant, de suivre la voie du sage.

Rolf Dobelli, 2012

POURQUOI
DE MAUVAISES RAISONS
SUFFISENT SOUVENT
La justification de la motivation

Bouchons sur l'autoroute entre Bâle et Francfort. Réfection de la chaussée. Je m'énerve. Pendant un quart d'heure, je roule au pas. Puis la circulation reprend normalement. Trafic fluide. Pas pour longtemps : une demi-heure plus tard, je suis de nouveau à l'arrêt. Toujours à cause de la réfection de la chaussée. Mais, curieusement, je m'énerve moins. Au bord de la route, on peut lire sur des panneaux régulièrement espacés : « Nous refaisons la chaussée pour votre confort et votre sécurité. »

Ces bouchons me rappellent une expérience menée dans les années 1970 par Ellen Langer, psychologue à l'université de Harvard. À la bibliothèque, elle a attendu qu'une queue se forme devant la photocopieuse. Puis elle s'est adressée aux premières personnes de la file : « Excusez-moi, j'ai cinq pages à photocopier. Pourriez-vous me laisser passer, s'il vous plaît ? » Ellen a rarement obtenu la permission de passer devant tout le monde. Puis elle a répété l'expérience, mais cette fois en donnant une raison : « Excusez-moi, j'ai cinq pages à photocopier. Pourriez-vous me laisser passer, s'il vous plaît ? Je suis en retard. » Et les gens qui faisaient la queue la laissaient presque systématiquement passer devant eux. C'est facile à comprendre : être pressé est une bonne raison. Mais la suite va vous surprendre : Ellen a de nouveau attendu qu'une queue se forme. « Excusez-moi, j'ai cinq pages à photocopier. Pourriez-vous me laisser passer, s'il vous plaît, car je voudrais faire quelques photocopies ? » Et, là encore, la plupart des gens la laissaient passer, même si la raison invoquée était ridicule, car si tout le monde faisait la queue, c'était bien pour faire des photocopies.

Nous rencontrons davantage de compréhension si nous justifions notre comportement. Et peu importe que la raison invoquée soit sensée ou complètement absurde. Étonnant, non ? Il suffit d'ajouter un « car » ou un « parce que ». Un panneau qui indique « Nous refaisons la chaussée pour votre confort et votre sécurité » est complètement superflu. On se doute que ce n'est pas pour y faire pousser des fleurs. Et, au pire, il suffit de jeter un œil par la vitre pour savoir ce qui se passe. Et pourtant, mentionner la raison pour laquelle le trafic est ralenti fait retomber notre énervement. En l'absence de motif, nous perdons notre sang-froid.

Aéroport de Francfort. Attente à l'embarquement. Puis le communiqué suivant : « Le vol LH 1234 a trois heures de retard. » Je me rends à la porte d'embarquement et demande à une hôtesse la raison de ce contretemps. Sans succès. Je suis furax : quelle honte de nous laisser comme ça, dans l'ignorance ! Un autre jour, dans le même aéroport, j'entends l'annonce suivante : « Le vol LH 5678 a trois heures de retard pour raisons techniques. » Je n'étais pas plus avancé, mais cela a suffi à me calmer, ainsi que les autres passagers.

Les êtres humains sont avides de justification. Nous avons un besoin maladif d'entendre « car » ou « parce que », même si la raison avancée n'est pas valable. Si vous êtes cadre, vous savez de quoi je parle. Si vous ne donnez pas de raison, fondée ou non, à vos collaborateurs, leur motivation se relâche. Il ne suffit pas de dire que l'objectif de votre fabrique de chaussures est de produire des chaussures, même s'il s'agit uniquement de cela. Non, votre personnel a besoin d'objectifs du style : « Avec nos chaussures, nous voulons révolutionner le marché » (ce qui est toujours le cas) ou : « Avec nos chaussures, nous rendons les jambes des femmes plus belles, et donc le monde plus beau. »

Si les cours de la Bourse montent ou baissent d'un demi pour cent, un journaliste n'écrira jamais ce qui correspond à la vérité, à savoir qu'il s'agit du bruit blanc permanent qui anime les marchés, autrement dit du résultat aléatoire d'un très grand nombre de mouvements boursiers. Les lecteurs veulent une raison et le journaliste va leur en donner une, même si elle est complètement inutile. (Les déclarations des présidents des Banques centrales sont particulièrement appréciées.)

Si l'on vous demande pourquoi vous n'avez pas respecté un délai, répondez : « Parce que je n'y suis pas parvenu, malheureusement. » Une information redondante (car si vous y étiez parvenu, vous auriez respecté le délai), mais souvent jugée acceptable.

Un jour, j'observais ma femme en train de séparer minutieusement le linge noir du linge bleu marine. Un travail totalement absurde, de mon point de vue, car si ces couleurs déteignent, ce n'est pas un problème. Et les choses n'ont pas dû changer depuis l'époque où j'étais étudiant et où je faisais ma lessive. Je demande alors à mon épouse : « Pourquoi sépares-tu le bleu marine du noir ? » Elle me répond : « Parce que je préfère les laver séparément. » Sa réponse m'a suffi.

Moralité : le « parce que » a sa raison d'être. Cette locution conjonctive, qui ne paie pas de mine, est le lubrifiant indispensable des relations interpersonnelles. Alors usez-en et abusez-en.

POURQUOI VOUS DÉCIDEZ MIEUX QUAND VOUS DÉCIDEZ MOINS

La fatigue décisionnelle

Vous avez travaillé sur un projet pendant des semaines et vous êtes au bord de l'épuisement. Les présentations PowerPoint sont impeccables. Les cellules Excel sont en bon ordre. Le contenu est d'une logique irréprochable. Votre avenir dépend de ce projet. Si vous obtenez le feu vert du PDG, vous avez de bonnes chances de faire partie de l'équipe dirigeante du groupe. Si votre projet est rejeté, vous n'avez plus qu'à chercher un nouveau job. La secrétaire vous propose trois créneaux possibles pour présenter votre projet : 8 h, 11 h 30 ou 18 h. Quelle heure choisissez-vous ?

Le psychologue Roy Baumeister a recouvert une table de centaines d'articles bon marché – des balles de tennis aux cannettes de Coca en passant par des bougies, des T-shirts et des chewing-gums. Il a divisé ses étudiants en deux groupes. Le premier était celui des « décideurs », le second celui des « non-décideurs ». Il a expliqué aux volontaires du premier groupe : « Je vous montre deux articles, n'importe lesquels, et vous devez décider lequel vous préférez. Je vous offrirai l'article de votre choix à la fin de l'expérience. » Puis il a dit aux volontaires du second groupe : « Écrivez ce qui vous vient à l'esprit à propos de chacun des articles et, à la fin de l'expérience, je vous offrirai l'un d'entre eux. » Baumeister a ensuite demandé à chacun des volontaires de plonger la main dans de l'eau glacée et de l'y laisser le plus longtemps possible. En psychologie, il s'agit de la méthode classique pour évaluer la force de la volonté ou l'autodiscipline. Car il faut de la volonté pour résister à l'envie de retirer sa main de l'eau glacée.

Résultat : les « décideurs » ont retiré leur main beaucoup plus tôt que les « non-décideurs ». La mise à l'épreuve de leur capacité de décision avait émoussé leur volonté – un effet confirmé par de nombreuses autres expériences.

Décider est donc fatigant. Tous ceux qui ont déjà configuré un ordinateur portable en ligne ou organisé un long voyage avec avion, hôtel et excursions le savent bien : après avoir passé du temps à comparer et évaluer les offres, puis à prendre une décision, ils sont épuisés. Les scientifiques appellent ce phénomène la *fatigue décisionnelle*.

La fatigue décisionnelle est dangereuse. En tant que consommateur, vous êtes plus réceptif aux messages publicitaires et plus enclin aux achats d'impulsion. Les décideurs succombent plus facilement aux incitations érotiques. Nous le verrons au chapitre sur la procrastination : la volonté fonctionne comme une batterie. Au bout d'un moment, elle est vide et doit être rechargée. Comment ? En faisant une pause, en se relaxant ou en mangeant quelque chose. Si vous êtes en hypoglycémie, votre volonté s'effondre. La firme Ikea en sait quelque chose : traverser des allées interminables en essayant de ne pas louper un seul des 10 000 articles en rayon provoque chez les consommateurs une terrible fatigue décisionnelle. C'est pourquoi les restaurants Ikea sont situés juste au milieu du « parcours du combattant ». Le géant suédois accepte volontiers de sacrifier une partie de sa marge sur les gâteaux, sachant que grâce à eux vous aurez retrouvé toute votre énergie pour décider d'acheter des bougeoirs.

Quatre détenus d'une prison israélienne ont fait une demande de libération anticipée. Cas n° 1 (entendu par le tribunal à 8 h 50) : un Arabe condamné à 30 mois de prison pour escroquerie. Cas n° 2 (13 h 27) : un Juif condamné à 16 mois de prison pour coups et blessures. Cas n° 3 (15 h 10) : un Juif condamné à 16 mois de prison pour coups et blessures. Cas n° 4 (16 h 35) : un Arabe condamné à 30 mois de prison pour escroquerie. Quelles ont été les décisions des juges ? Leur fatigue décisionnelle a pesé plus lourd dans la balance que la religion des détenus ou la gravité de leurs crimes. Les juges ont accepté les deux premières requêtes parce qu'ils avaient alors une glycémie au plus haut (après le petit-déjeuner et le déjeuner), alors qu'ils ont refusé les deux dernières, faute de volonté suffisante pour prendre le risque d'une libération prématurée. Ils ont donc préféré s'en tenir au *statu quo* et garder les deux derniers détenus en prison. Une étude réalisée sur des centaines de décisions de justice montre que le pourcentage de décisions « courageuses » dégringole au cours de l'audience, passant de 65 % à presque 0 %, puis remonte en flèche après une pause, pour atteindre à nouveau 65 %. Le sort des condamnés dépend donc largement de la glycémie des juges... et le vôtre, de l'heure à laquelle vous présenterez votre projet au PDG.

POURQUOI VOUS NE PORTERIEZ PAS LE PULL D'HITLER

Le biais de contamination

Enfileriez-vous un pull sortant de la machine et ayant appartenu à Hitler ?

Au IXe siècle, après la chute du royaume carolingien, l'Europe – et notamment la France – est tombée dans l'anarchie. Les comtes, châtelains, chevaliers et autres seigneurs locaux n'arrêtaient pas de se faire la guerre. Des soudards impitoyables pillaient les fermes, violaient les femmes, piétinaient les champs, déportaient les curés et mettaient le feu aux monastères. Ni l'Église ni la paysannerie ne pouvaient s'opposer à la folie guerrière de la noblesse. Elles n'étaient pas armées, contrairement aux chevaliers.

Au Xe siècle, l'évêque d'Auvergne eut une idée. Il proposa aux princes et aux chevaliers de se rassembler tel jour dans un champ, les conviant à une sorte de colloque. Pendant ce temps, les curés, évêques et abbés réunirent toutes les reliques qu'ils purent dégoter aux alentours et les exposèrent dans le champ – restes d'ossements de saints, lambeaux d'étoffe, pierres et dalles maculées de sang, bref tout ce qui avait, de près ou de loin, été en contact avec des saints. L'évêque – une figure hautement respectée à l'époque – pria alors les nobles rassemblés dans le champ en présence de toutes ces reliques de renoncer à l'avenir à la violence et aux attaques contre des individus sans défense. Pour donner encore plus de poids à son exigence, il agita sous leur nez tissus tachés de sang et ossements sacrés. Le respect des reliques devait être particulièrement fort, car l'exemple de l'évêque français fit école : son appel à la conscience pour le moins original se répandit dans toute l'Europe sous les noms de Paix de Dieu et de Trêve de Dieu. « Il ne faut jamais sous-estimer la peur des hommes du Moyen-Âge devant les saints et leurs reliques », explique l'historien américain Philip Daileader.

En tant qu'esprit éclairé du XXIe siècle, vous ne pouvez que rire de cette sourde crainte. Mais attendez : qu'avez-vous répondu à la question initiale ? Porteriez-vous le pull d'Hitler ? Je pense que non. Je me trompe ? Ce qui est étonnant, c'est que cela montre que même vous n'avez pas perdu tout respect à l'égard de forces mystérieuses et insaisissables. Sur un plan purement matériel, le pull d'Hitler n'a plus rien à voir avec Hitler. Et pourtant il vous répugne.

Des effets magiques de ce type ne s'évanouissent pas si facilement. Paul Rozin et ses collègues de l'université de Pennsylvanie ont demandé à des volontaires de leur apporter la photo de l'un de leurs proches. Puis ils l'ont épinglée au centre d'une cible avant de prier les participants d'y lancer des fléchettes. Vous ne ferez aucun mal à votre mère si vous criblez sa photo de fléchettes ! Pourtant, les volontaires ont eu d'énormes scrupules à faire ce geste. Et ils ont visé beaucoup plus mal qu'un groupe témoin avec une cible vide. Ils se sont comportés comme si une force magique les empêchait de viser la photo.

Il existe des liens entre les personnes et les choses – même s'ils remontent à un lointain passé ou sont de nature immatérielle, comme dans le cas des photos. C'est ce qu'on appelle le *biais de contamination*. Une amie à moi a longtemps été correspondante de guerre pour France 2. Tout comme les touristes qui partent en croisière dans les Antilles et rapportent un souvenir de chacune des îles sur lesquelles ils font escale – un chapeau de paille, une noix de coco peinte... –, mon amie journaliste possède, elle aussi, une armoire remplie de souvenirs – mais de guerre. Elle a couvert les opérations militaires à Bagdad en avril 2003. Quelques heures après que les troupes américaines eurent pris d'assaut le palais gouvernemental de Saddam Hussein, elle s'est glissée dans les appartements privés du chef irakien. Dans la salle à manger, elle a dérobé six verres à vin plaqués or qu'elle avait repérés. Lorsque je lui ai rendu visite à Paris, elle a servi le vin dans ces verres. Tous les invités s'extasiaient devant des objets aussi luxueux. « Est-ce qu'ils en vendent aux Galeries Lafayette ? » demanda l'un des convives. « Ce sont les verres de Saddam Hussein » répondit laconiquement mon amie. Prise d'un dégoût soudain, l'une des invitées recracha le vin dans son verre et se mit à tousser frénétiquement. Je n'ai pas pu m'empêcher de rajouter : « Es-tu consciente du nombre de molécules que tu inhales à chaque inspiration et que Saddam Hussein avait dans ses poumons ? Un milliard environ. » Elle se mit à tousser encore plus fort.

POURQUOI L'ADJECTIF « MOYEN » PEUT ÊTRE TROMPEUR
La problématique de la moyenne

Supposons que vous êtes assis dans le bus avec 49 autres passagers. La personne la plus lourde du pays monte à la station suivante. Question : dans quelle mesure le poids moyen des passagers s'en trouve-t-il modifié ? De 4 % ? 5 % ? La réponse est dans cet ordre de grandeur.

Supposons maintenant que vous êtes assis dans ce même bus, mais que vous voyez soudain monter l'homme le plus riche du pays. Dans quelle mesure la richesse moyenne des passagers s'en trouve-t-elle modifiée ? De 4 % ? 5 % ? Là, vous vous trompez complètement.

Reprenons le second exemple. Supposons que chacun des 50 passagers présents dans ce bus (choisis au hasard, bien sûr) possède une fortune estimée à 54 000 euros. Cela correspond à la médiane statistique du pays (valeur centrale séparant une population en deux parties égales). Puis vous ajoutez l'homme le plus riche du pays avec sa fortune évaluée à 25 milliards d'euros. La fortune moyenne des passagers du bus fait alors un bond d'un million de pour cent et s'établit désormais à 500 millions d'euros. Il suffit d'un cas exceptionnel pour venir bouleverser la donne et la notion de « moyenne » n'a plus aucun sens.

« Ne traverse jamais un fleuve d'une profondeur moyenne d'un mètre, me disait Nassim Taleb, duquel je tiens aussi l'exemple du bus. Ton fleuve peut avoir de longues portions très peu profondes, mais un courant très fort et une profondeur de dix mètres au milieu. Noyade assurée. » Se fier à des moyennes peut être dangereux, parce que la moyenne dissimule la véritable distribution des valeurs. Autre exemple : l'exposition moyenne aux UV un jour d'été ne comporte aucun danger pour la santé. Mais si vous passez tout votre été dans un bureau aux stores baissés, puis sautez dans un avion pour Majorque et, une fois arrivé, pratiquez la bronzette pendant une semaine sans vous protéger, vous prenez un très grand risque – même si, en moyenne, vous n'avez pas été plus exposé aux UV que les gens qui ont passé tout leur été dehors.

Tout cela n'est pas nouveau et semble assez logique. Mais ce qui est nouveau, c'est que dans un monde complexe les distributions sont de plus en plus irrégulières. Ou, pour revenir à l'exemple du bus, elles ressemblent davantage au second cas qu'au premier. Par conséquent, il est de plus en plus impropre de parler de moyenne. Combien de visites un site Web « moyen » reçoit-il ? Il n'existe pas de site Web moyen. Un tout petit nombre de sites (Facebook ou Google, par exemple) concentre la majorité des visites – et les autres, innombrables, sont très peu visités. Les mathématiciens parlent alors d'une loi de puissance. Les extrêmes dominent la distribution et le concept de moyenne devient insignifiant.

Quelle est la taille moyenne d'une firme ? Quel est le nombre moyen d'habitants d'une ville ? Qu'est-ce qu'une guerre moyenne ? (en termes de morts ou de jours de combat) ? Quelle est la variation quotidienne moyenne du CAC 40 ? À combien s'élève le dépassement moyen du coût des projets de construction ? Quel est le tirage moyen des livres ? Quel est le coût moyen d'un cyclone ? À combien s'élève la prime moyenne d'un banquier ? Le succès moyen d'une campagne publicitaire ? Quel est le nombre moyen de chargements d'une application iPhone ? Combien gagne un acteur moyen ? Naturellement, tout cela peut se calculer, mais à quoi bon ? Il s'agit toujours de distributions selon la loi de puissance. Pour reprendre le dernier exemple : une poignée d'acteurs gagnent plus de dix millions d'euros par an, alors qu'ils sont plusieurs milliers à tirer le diable par la queue. Conseilleriez-vous à votre fille ou à votre fils de se lancer dans ce métier parce que les salaires moyens y sont très convenables ? Il ne vaudrait mieux pas.

Moralité : lorsque quelqu'un prononce le mot « moyenne », dressez l'oreille. Essayez de creuser la distribution qui se cache derrière. Dans les domaines où un seul cas extrême n'a quasiment aucune influence sur la moyenne, comme dans le premier exemple du bus, le concept de moyenne tient debout. Mais dans ceux où un seul cas extrême domine, comme dans le second exemple, supprimez le mot « moyenne » de votre vocabulaire (et conseillez aux journalistes d'en faire autant).

COMMENT DÉMOTIVER
À COUPS DE PRIMES
L'effet d'éviction de la motivation

Il y a quelques mois, l'un de mes amis a quitté Francfort pour s'installer à Zurich. Comme je vais souvent à Francfort, je lui ai proposé de transporter en voiture ses objets de valeur les plus fragiles (des verres de famille, soufflés à la main, et des livres anciens) jusqu'à Zurich. Je sais qu'il y tient comme à la prunelle de ses yeux et qu'il n'aurait pas supporté que les déménageurs les manipulent avec désinvolture. J'ai donc fait le voyage et déposé ces objets à Zurich. Deux semaines plus tard, je recevais une lettre de remerciements de mon ami, à laquelle il avait joint un billet de 50 francs suisses.

La Suisse cherche depuis des années un lieu de stockage pour ses déchets nucléaires. Différents sites d'enfouissement ont été envisagés, dont celui de Wolfenschiessen, en plein centre du pays. L'économiste Bruno Frey et ses collègues de l'université de Zurich ont demandé aux participants à une assemblée municipale s'ils donneraient leur accord à la construction d'un site d'enfouissement de déchets radioactifs dans leur commune ; 50,8 % ont répondu oui. Pour diverses raisons : fierté nationale, fair-play, devoir civique, perspective de création d'emplois. Les chercheurs leur ont posé la même question une seconde fois, mais en l'assortissant d'un dédommagement de 5 000 francs suisses par personne – payé par l'ensemble des contribuables de l'État helvétique.

Résultat : les participants n'étaient plus que 24,6 % à accepter la construction du site.

Autre exemple : les crèches. Le problème est partout le même : certains parents arrivent après l'heure de la fermeture, ce qui oblige la responsable de la crèche à attendre. Elle ne peut quand même pas mettre l'enfant dans un taxi ! C'est pourquoi de nombreuses crèches ont instauré une taxe pour les parents qui viennent chercher leurs enfants trop tard. Et là, surprise : des études montrent que cette pénalité, au lieu de faire baisser le nombre de parents en retard, le fait augmenter.

Ces trois histoires montrent que l'argent n'est pas toujours une motivation. Bien au contraire. En me glissant un billet de 50 francs suisses dans l'enveloppe, mon ami a déprécié mon aide et, par conséquent, porté atteinte à notre amitié. Le système d'amendes mis en place dans les crèches a transformé la relation entre celles-ci et les parents, remplaçant les rapports humains par des rapports mercantiles. Le retard était légitimé, et l'on payait pour. Et les citoyens ont ressenti la prime en échange de la construction d'un site de déchets nucléaires comme une tentative de corruption ou, du moins, elle a contribué à diminuer leur esprit civique, leur motivation à œuvrer pour l'intérêt général. Les scientifiques nomment ce phénomène l'effet d'éviction de la motivation intrinsèque par la motivation extrinsèque ou, tout simplement, l'*effet d'éviction de la motivation*. Chaque fois que des individus n'agissent pas pour de l'argent, leur en proposer les dissuade d'agir. Autrement dit : la motivation extrinsèque, à savoir ici l'incitation pécuniaire, exerce un effet d'éviction sur la motivation intrinsèque.

Supposons que vous dirigez une entreprise à but non lucratif. Les salaires que vous versez sont naturellement inférieurs à la moyenne. Ce qui n'empêche pas vos salariés d'être extrêmement motivés parce qu'ils croient en leur mission. Si vous mettez en place un système de primes, par exemple une prime de 4 % par don récolté, vous créez un effet d'éviction de la motivation intrinsèque par la motivation extrinsèque. Vos salariés se désintéresseront complètement de tout ce qui ne sera pas directement lié à leurs primes. La créativité, la réputation de l'entreprise ou le transfert du savoir aux nouvelles recrues : tout cela ne leur fera plus ni chaud ni froid.

Si vous dirigez une entreprise où il n'existe aucune motivation intrinsèque susceptible d'être évincée, cela ne pose aucun problème. Vous connaissez un conseiller financier, un agent d'assurance ou un expert-comptable qui fait son travail par passion ? Qui croit en sa mission ? Pas moi. C'est ce qui explique pourquoi les primes fonctionnent si bien dans ces professions. En revanche, si vous fondez une start-up et cherchez des collaborateurs, je vous conseille de donner du sens à votre entreprise et d'oublier les « provisions pour belles primes futures ».

Encore un conseil si vous avez des enfants : l'expérience montre que les jeunes êtres humains ne sont pas vénaux. Si vous voulez que vos enfants fassent leurs devoirs, apprennent leur solfège ou tondent la pelouse, n'agitez pas un billet sous leur nez. Donnez-leur plutôt une somme fixe d'argent de poche par semaine. Sinon, les plus petits ne tarderont pas à refuser d'aller au lit le soir – à moins d'être payés pour cela.

SI VOUS N'AVEZ RIEN À DIRE, NE DITES RIEN

La tendance au verbiage

Lorsqu'on lui demande, lors de la finale de Miss Teen America 2007, pourquoi un cinquième des Américains sont incapables de trouver leur pays sur une mappemonde, Miss Caroline du Sud, qui a pourtant l'équivalent du bac, répond devant les caméras : « Je crois personnellement que les Américains des États-Unis ne peuvent pas le faire car des gens dans notre pays n'ont pas de cartes et je crois que notre éducation, comme par exemple l'Afrique du Sud et l'Irak, partout semblable… je crois qu'ils devraient, notre éducation ici, aux États-Unis, devrait aider les États-Unis… euh… devrait aider l'Afrique du Sud et devrait aider l'Irak et les pays asiatiques pour que nous soyons capables de construire notre futur. » Inutile de vous dire que la vidéo sur YouTube a circulé dans le monde entier.

OK, vous vous dites : « C'est une miss, alors qu'elle dise quelque chose ou rien… » Mais que pensez-vous de la phrase suivante : « L'évolution réflexive des transmissions culturelles ne doit plus être placée sous le signe de la raison centrée sur le sujet et de la conscience de l'histoire futuriste. Dans la mesure où nous remarquons la constitution intersubjective de la liberté, l'apparence possessive et individualiste d'une autonomie envisagée comme un bien personnel s'écroule. »

Qui donc a pondu cette phrase ? C'est Jürgen Habermas, dans *Faktizität und Geltung* (littéralement « Facticité et validité »).

Les exemples de la reine de beauté et du grand philosophe relèvent du même phénomène : la *tendance au verbiage*. La paresse d'esprit, la stupidité ou l'ignorance sont sources de confusion dans le propos. La logorrhée est là pour masquer la pensée fumeuse. Tantôt avec succès, tantôt en vain. Dans le cas de la jeune miss, cette stratégie de camouflage a échoué. Chez Jürgen Habermas, elle a réussi, du moins jusqu'ici. Plus l'éloquence nous en met plein la vue, plus nous tombons dans le piège. Associé au *biais d'autorité* (présenté dans mon précédent livre), le verbiage peut produire un dangereux mélange.

Combien de fois ai-je été victime de la tendance au verbiage ! Dans ma jeunesse, j'étais fasciné par le philosophe Jacques Derrida. J'ai dévoré ses livres, mais je n'y ai strictement rien compris, même après une réflexion poussée. Cela donnait à sa philosophie l'aura d'une science secrète. Je suis même allé jusqu'à rédiger une thèse sur cette philosophie. Avec le recul, Derrida et ma thèse m'apparaissent comme du verbiage inutile. Dans mon ignorance, j'étais moi-même devenu une machine à produire de la fumée verbale.

C'est chez les sportifs que se manifeste le plus clairement la tendance au verbiage. Le pauvre footballeur est poussé aux analyses, n'importe lesquelles, par son intervieweur. Il aimerait seulement pouvoir dire : « Nous avons perdu le match, voilà tout. » Mais le journaliste doit garder l'antenne coûte que coûte – soit en disant ce qui lui passe par la tête pour meubler, soit en obligeant les sportifs et leurs entraîneurs à parler pour ne rien dire.

Toutefois, comme nous l'avons vu, le verbiage n'épargne pas les milieux universitaires. Moins une science génère de résultats, plus elle a tendance au verbiage. L'économie en est le parfait exemple – il suffit d'écouter les commentaires et les prévisions des économistes. Le même phénomène s'applique à l'économie d'entreprise. Plus une entreprise va mal, plus son PDG emploie de grands mots vides de sens, auxquels s'ajoutent souvent des actions elles aussi vides de sens – on appelle cela faire la mouche du coche. Jack Welsh, l'ancien PDG de General Electric, fait exception à la règle, et je l'en félicite. Il a dit lors d'une interview : « Vous ne savez pas à quel point il est difficile de parler clairement et simplement. Les gens craignent d'être pris pour des nigauds. En réalité, c'est exactement l'inverse. »

Moralité : le verbiage masque l'ignorance. Si celui qui parle ne s'exprime pas clairement, c'est parce qu'il ne sait pas de quoi il parle. L'expression verbale est le miroir des pensées : « ce qui se conçoit bien s'énonce clairement » (Boileau). Autrement dit, quand la pensée est claire, les paroles le sont aussi. Quand la pensée n'est pas claire, les paroles ne le sont pas non plus, d'où la tendance au verbiage. Malheureusement, nous n'avons que très rarement des pensées vraiment claires. Le monde est complexe et en comprendre ne serait-ce qu'un aspect réclame un gros travail de réflexion. Alors en attendant d'être inspiré, suivez le conseil de Mark Twain : « Si tu n'as rien à dire, ne dis rien. » La simplicité est le point d'arrivée d'un chemin long et pénible, et non son point de départ.

COMMENT AFFICHER DE MEILLEURS RÉSULTATS SANS AMÉLIORER LA PERFORMANCE

Le phénomène de Will Rogers

S upposons que vous dirigez deux chaînes de télévision. La chaîne A enregistre un audimat élevé, la chaîne B un audimat extrêmement faible. Le conseil de surveillance vous exhorte à augmenter l'audimat des deux chaînes en l'espace de six mois. Si vous réussissez, vous touchez une énorme prime. Si vous échouez, vous perdez votre poste. Comment procédez-vous ?

Fastoche : vous déplacez une émission qui a légèrement tiré vers le bas l'audimat moyen de la chaîne A, mais qui marche encore bien, vers la chaîne B. Ce qui augmente l'audimat moyen, jusque-là très bas, de la chaîne B. Sans avoir créé de nouvelle émission, vous avez simultanément amélioré l'audimat des deux chaînes et vous empochez la super prime.

Supposons maintenant que vous avez été promu gestionnaire de trois fonds spéculatifs qui investissent principalement dans des entreprises privées (capital-investissement). Le fonds A affiche un taux de rendement extraordinaire, le fonds B un taux moyen et le fonds C un taux déplorable. Vous voulez prouver au monde entier que vous êtes le meilleur gestionnaire de fonds de la planète. Que faites-vous ? Vous vendez quelques participations du fonds A aux fonds B et C. Lesquelles ? Celles qui ont fait légèrement baisser le taux de rendement moyen du fonds A tout en restant suffisamment attractives pour augmenter le taux de rendement moyen des fonds B et C. En un clin d'œil, vous avez fait en sorte que vos trois fonds affichent de meilleurs résultats. Puisque tout cela se passe en interne, vous n'avez aucun droit à payer. Certes, vos trois fonds ne vous rapportent pas un euro de plus, mais on va vous porter aux nues pour votre tour de passe-passe.

On appelle cet effet le *phénomène de Will Rogers* (*stage migration* en anglais, littéralement « migration de stade ») d'après un humoriste américain originaire de l'Oklahoma. Un jour, il a dit en plaisantant que les habitants de l'Oklahoma qui partaient s'installer en Californie augmentaient le QI moyen de l'Oklahoma et de la Californie. Le phénomène de Will Rogers n'est pas compréhensible de façon intuitive. Pour bien l'ancrer dans son esprit, il faut l'appliquer plusieurs fois dans différents contextes.

Prenons un exemple dans le secteur automobile. On vous donne deux succursales à gérer, avec six vendeurs au total – les vendeurs 1, 2 et 3 dans la succursale A et les vendeurs 4, 5 et 6 dans la succursale B. Le vendeur 1 vend en moyenne une voiture par mois, le vendeur 2 deux voitures par mois, et ainsi de suite jusqu'au vendeur 6, particulièrement brillant, qui réussit à placer six voitures par mois. Comme vous pouvez le calculer facilement, la moyenne mensuelle des ventes de voitures dans la succursale A est de deux, et elle est de cinq dans la succursale B. À présent, vous transférez le vendeur 4 dans la succursale A. Que se passe-t-il ? La succursale A possède désormais les vendeurs 1, 2, 3 et 4. Et la moyenne des ventes passe de deux voitures à deux voitures et demie. Il ne reste plus que les vendeurs 5 et 6 dans la succursale B, mais la moyenne de leurs ventes passe de cinq voitures à cinq et demie. Répartir les choses autrement ne change rien dans le fond, mais impressionne. Les journalistes, les investisseurs et les conseils de surveillance devraient particulièrement se méfier lorsqu'on les informe d'une augmentation des valeurs moyennes dans telle ou telle société, tel ou tel département, telle ou telle ligne de produit ou tel ou tel poste.

Le phénomène de Will Rogers trouve une application particulièrement perfide dans le domaine médical. Habituellement, les tumeurs sont réparties en quatre stades d'évolution, du stade 1 au stade 4 (d'où la notion de « migration de stade »). Les tumeurs les plus petites et les plus faciles à soigner sont de stade 1, les plus graves de stade 4. Par conséquent, ce sont les patients de stade 1 qui ont les chances de survie les plus élevées, et les patients de stade 4 les chances de survie les plus faibles. Mais chaque année, de nouveaux procédés, permettant des diagnostics toujours plus précis, arrivent sur le marché. Résultat : on découvre de minuscules tumeurs qui n'auraient jamais été diagnostiquées auparavant. Du coup, des patients considérés jusque-là comme en parfaite santé sont désormais classés dans le stade 1. Ce qui augmente automatiquement l'espérance de vie moyenne des patients dans ce stade. Une avancée thérapeutique fabuleuse ? Malheureusement non : une simple migration de stade.

SI VOUS AVEZ UN ENNEMI, SUBMERGEZ-LE DE DONNÉES

Le biais d'information

Dans sa nouvelle *De la rigueur de la science*, constituée d'un seul paragraphe, Jorge Luis Borges décrit un pays où la science de la cartographie est si développée que seule la carte la plus détaillée convient, à savoir une carte à l'échelle 1/1, de la même taille que le pays lui-même. Il est clair qu'une carte de ce type ne sert à rien puisqu'elle n'est qu'un duplicata de ce qui existe déjà. La carte géographique de Borges est un exemple extrême du biais cognitif appelé *biais d'information* : l'erreur de croire qu'un supplément d'information conduit forcément à de meilleures décisions.

Je cherchais un hôtel à Berlin. Après avoir présélectionné cinq offres, je me suis décidé spontanément pour celle qui m'avait plu d'emblée. Mais comme je ne faisais pas entièrement confiance à mon instinct et souhaitais améliorer la qualité de ma décision, j'ai entrepris de recueillir encore davantage d'informations sur les offres disponibles. J'ai scruté à la loupe une multitude de commentaires, d'évaluations et de chroniques de blogues sur les différents hôtels berlinois, ainsi que d'innombrables photos et vidéos. Deux heures plus tard, je me suis définitivement décidé pour l'hôtel qui m'avait plu du premier coup. L'avalanche d'informations supplémentaires n'a pas engendré de meilleure décision. Au contraire, si l'on considère que le temps c'est de l'argent, j'aurais pu m'offrir un cinq étoiles.

Le chercheur Jonathan Baron a posé la question suivante à des médecins : un patient souffre de symptômes qui ont 80 % de chances de relever de la maladie A. S'il ne s'agit pas de la maladie A, il s'agit soit de la maladie X, soit de la maladie Y. Elles sont toutes les trois aussi graves. Chaque maladie réclame un traitement spécifique, mais tous les traitements ont des effets secondaires comparables. En tant que médecin, quel traitement préconiseriez-vous ? Logiquement, vous devriez parier sur la maladie A et donc recommander le traitement A.

Supposons qu'il existe un test diagnostique qui se révèle positif s'il s'agit de la maladie X et négatif s'il s'agit de la maladie Y. Mais si le patient souffre de la maladie A, les résultats du test sont positifs dans la moitié des cas et négatifs dans l'autre moitié. En tant que médecin, recommanderiez-vous ce test ? La plupart des médecins qui se sont vu poser cette question étaient d'accord pour le préconiser – alors que l'information obtenue par ce biais n'est pas pertinente. Supposons que le test soit positif. La probabilité que le patient souffre de la maladie A reste toujours bien supérieure à celle qu'il soit atteint de la maladie X. L'information supplémentaire fournie par le test est complètement inutile pour améliorer la décision.

Les médecins ne sont pas les seuls à vouloir recueillir des informations à tout prix, au risque que ces données ne soient absolument pas pertinentes. Les managers et les investisseurs sont, eux aussi, sujets à ce travers. Combien de fois commandent-ils une nouvelle étude, et encore une autre, alors qu'ils disposent depuis longtemps des informations essentielles ? Un supplément d'informations n'est pas seulement superflu, il peut aussi être préjudiciable. Question : laquelle de ces deux villes américaines a le plus grand nombre d'habitants : San Diego ou San Antonio ? Gerd Gigerenzer de l'Institut Max Planck a interrogé des étudiants des universités de Chicago et de Munich. 62 % des étudiants américains ont trouvé la bonne réponse – San Diego. Mais 100 % des étudiants allemands ont répondu correctement ! Pourquoi ? Parce que tous les étudiants allemands avaient déjà entendu parler de San Diego, mais très peu de San Antonio. Ils ont donc répondu en fonction d'un nom qui ne leur était pas inconnu. En revanche, les étudiants américains connaissaient les deux villes. Ils disposaient d'une information supplémentaire, et c'est justement pourquoi ils se sont trompés plus souvent.

Imaginez 100 000 économistes au service des banques, des laboratoires d'idées et des gouvernements – et la pléthore de documents qu'ils ont produits entre 2005 et 2007. Toute cette masse de rapports de recherche et de modèles mathématiques. Toute cette montagne de commentaires. Toutes ces présentations PowerPoint qui traînent sur les bureaux. Tous ces téraoctets de données qui circulent dans le petit monde des agences d'information comme Bloomberg et Reuters. Des bacchanales en l'honneur de la déesse Information ! Tout cela ? Du vent, rien que du vent. La crise financière a éclaté et provoqué le grand chambardement. Qui l'a vue venir ? Personne.

Moralité : essayez de vivre avec le strict minimum d'informations. Vous prendrez de meilleures décisions. Ce qu'on n'a pas besoin de savoir ne sert à rien, même si on le sait.

POURQUOI VOUS VOYEZ UN VISAGE DANS LA PLEINE LUNE
L'illusion des séries

En 1957, le chanteur d'opéra suédois Friedrich Jürgenson acheta un magnétophone pour s'enregistrer. Lorsqu'il s'écouta, il entendit de temps en temps des bruits étranges, des chuchotements, comme des messages de l'au-delà. Quelques années plus tard il enregistra des chants d'oiseaux. Cette fois, il perçut dans le fond la voix de sa mère décédée qui lui murmurait : « Friedel, tu m'entends ? C'est Maman. » C'en était assez. Jürgenson changea de vie et se consacra à la communication avec les morts *via* des enregistrements sur bande magnétique.

En 1994, Diane Duyser, une habitante de Floride, connut une expérience tout aussi stupéfiante. Après avoir remis dans le grille-pain une tranche dans laquelle elle avait mordu, elle vit apparaître le visage de la Sainte Vierge. Elle interrompit aussitôt son petit-déjeuner et conserva le message divin (à savoir la tranche de pain grillé) pendant dix ans dans une boîte en plastique. En novembre 2004 elle empocha 28 000 dollars en vendant aux enchères sur eBay sa « relique » alimentaire plutôt bien conservée.

Une femme originaire du Nouveau-Mexique avait déjà vécu une expérience similaire en 1978, non pas avec une tranche de pain grillé, mais avec une tortilla. Sur la galette, aux endroits les plus cuits, les traits du Christ étaient apparus. La presse s'était emparée de l'histoire et des milliers de personnes avaient afflué au Nouveau-Mexique pour voir le Sauveur sur la galette de maïs. Deux années auparavant, en 1976, l'orbiteur de la sonde spatiale Viking avait photographié une formation rocheuse qui ressemblait à un visage humain. Le « visage de Mars » avait fait la une des journaux.

Et vous ? Avez-vous déjà vu un visage dans les nuages ou la silhouette d'un animal dans un rocher ? Bien sûr. C'est tout à fait normal. Notre cerveau cherche des modèles, des schémas et des règles. Et s'il n'en trouve pas, il en invente. Plus les signaux sont confus – comme dans le cas du grésillement de la bande magnétique –, plus il est facile de les interpréter. Plus les signaux sont précis, plus il est difficile d'y voir autre chose. Vingt-cinq ans après la découverte du « visage de Mars », le *Mars Global Surveyor* a pris des clichés parfaitement nets et le beau visage s'est effrité, laissant place à des fragments rocheux tout à fait ordinaires.

Ces exemples distrayants vous feraient bientôt croire que l'*illusion des séries* est totalement inoffensive. Que nenni. Prenons le marché financier qui, à chaque seconde, crache un flot de données. Un ami me racontait, le visage rayonnant, qu'il avait découvert dans cette mer de données la logique suivante : « Le Dow Jones multiplié par le cours du pétrole anticipe le cours de l'or de deux jours. » Autrement dit : « Si le cours des actions et le cours du pétrole montent aujourd'hui, le cours de l'or grimpe après-demain. » Tout s'est bien passé pendant quelques semaines, jusqu'à ce que mon ami se mette à spéculer avec des sommes de plus en plus considérables et finisse par perdre toutes ses économies. Il avait vu une loi là où il n'y en avait aucune.

OXXXOXXXOXXOOOXOOXXOO. Cette série est-elle totalement aléatoire ou non ? Le professeur de psychologie Thomas Gilovich a posé la question à des centaines de personnes. La plupart ne voulaient pas croire au pur hasard de cette série de lettres. Il doit y avoir une loi cachée, quelle qu'elle soit, se disaient-elles. Faux, leur expliquait Gilovich en se référant aux dés. Lorsque vous lancez un dé, il vous arrive de tomber quatre fois de suite sur le même chiffre, ce qui vous étonne. Manifestement, vous ne croyez pas que le hasard puisse produire de telles séries.

Au cours de la Seconde Guerre mondiale, les Allemands ont bombardé Londres. Ils ont utilisé, entre autres, des missiles V1, des sortes de drones. Ils reportaient minutieusement sur une carte les points d'impact, ce qui terrorisait les Londoniens qui croyaient identifier une logique précise et échafaudaient des théories quant aux quartiers les plus sûrs. Pourtant, l'exploitation des données statistiques au lendemain de la guerre a confirmé qu'il s'agissait d'une répartition totalement aléatoire. Et l'on sait pourquoi aujourd'hui : le système de navigation des V1 était extrêmement imprécis.

Moralité : l'être humain possède une sensibilité particulièrement développée à la reconnaissance de modèles, de schémas et de séries. Alors restez sceptique. Si vous croyez avoir découvert une logique, comptez d'abord avec le hasard. Si cela vous semble trop beau pour être vrai, allez voir un mathématicien et soumettez vos données à un test statistique. Et si la sauce que vous versez sur votre purée dessine soudain le visage du Christ, demandez-vous : si Jésus veut se manifester, pourquoi ne le fait-il pas sur les Champs-Élysées, ou sur le petit écran à une heure de grande écoute ?

POURQUOI VOUS AIMEZ CE POUR QUOI VOUS AVEZ SOUFFERT
La justification de l'effort

John, un soldat de l'armée de l'air américaine, vient de passer son brevet de saut en parachute. Il fait la queue, attendant de recevoir l'insigne tant convoité. Enfin, son supérieur se plante devant lui et, avec son poing, lui enfonce le pin's si profondément dans la poitrine que la pointe reste dans sa chair. Depuis ce jour, John défait le dernier bouton de sa chemise à la moindre occasion pour exhiber sa petite blessure. Et, des dizaines d'années plus tard, son insigne est encore accroché au mur de son salon – il l'a fait encadrer.

Marc a restauré de ses mains une vieille Harley-Davidson toute rouillée. Il a passé tous ses week-ends et toutes ses vacances à remettre sa moto en état. Pendant ce temps, son couple se mit à battre sérieusement de l'aile. Ce fut un travail colossal, mais enfin le vieux tas de ferraille est devenu un petit bijou qui brille de mille feux. Deux ans plus tard, Marc a besoin d'argent. Il tente de vendre sa Harley, mais le prix auquel il l'estime est très loin de la réalité. Et même si une personne intéressée lui propose deux fois le prix du marché, Marc refuse de vendre. John et Marc sont victimes de la *justification de l'effort* : celui qui met toute son énergie dans la réalisation d'un projet surestime le résultat final. Parce que John a dû souffrir physiquement pour obtenir son insigne, il lui attribue une valeur supérieure à toutes les autres décorations. Parce que Marc a consacré tout son temps et failli sacrifier son couple à la restauration de sa moto, il lui attribue une valeur si élevée qu'il ne la vendra jamais.

La justification de l'effort est un cas particulier de dissonance cognitive. Se laisser faire un trou dans la poitrine pour un petit insigne est ridicule, au fond. Le cerveau de John compense cette disproportion en exagérant la valeur du pin's et en faisant d'un objet profane quelque chose de quasi sacré. Ce phénomène est inconscient et difficile à faire disparaître.

Les groupes utilisent la justification de l'effort pour souder leurs membres, souvent à travers des rites initiatiques : les bandes de jeunes et les associations d'étudiants n'acceptent les candidats que s'ils réussissent les épreuves auxquelles elles les soumettent – notamment surmonter leur dégoût et garder leur sang-froid en toutes circonstances. Les recherches montrent que plus l'examen d'entrée est difficile, plus la fierté qu'on en tire est grande. C'est ainsi que les grandes écoles de commerce qui proposent des programmes de MBA jouent avec la justification de l'effort : elles assomment de travail leurs étudiants, parfois jusqu'à la limite de l'épuisement. Peu importe que les devoirs à la maison soient utiles ou idiots : une fois que l'étudiant a décroché son MBA, il va le considérer comme indispensable à sa carrière. Pourquoi ? Tout simplement parce qu'il en a bavé pour l'obtenir.

Une forme atténuée de la justification de l'effort est ce qu'on appelle l'*effet Ikea*. Nous accordons davantage de valeur à un meuble que nous avons monté nous-même qu'à un objet design hors de prix. C'est vrai aussi pour des chaussettes que nous avons tricotées nous-même : nous avons du mal à les jeter comme une vulgaire paire achetée chez H&M, même si elles sont usées et démodées depuis longtemps. Des managers qui ont travaillé à mettre au point une stratégie pendant des semaines sont incapables de porter dessus un regard critique. Tout comme les designers, les créateurs publicitaires ou les développeurs de produits qui ont investi une énergie mentale considérable dans leurs créations.

Les années 1950 ont vu l'arrivée sur le marché de préparations culinaires instantanées. Les fabricants se sont dit qu'ils détenaient là une véritable poule aux œufs d'or. Raté ! Les femmes au foyer n'ont pas apprécié ces produits qui leur simplifiaient beaucoup trop la tâche. Trop fastoche ! Ce n'est que lorsque la méthode de préparation a été rendue légèrement plus compliquée – il fallait rajouter un œuf frais en suivant les indications sur le paquet, par exemple – que les ménagères ont retrouvé leur amour-propre et que les préparations instantanées sont remontées dans leur estime.

Vous qui connaissez désormais l'existence de la justification de l'effort, efforcez-vous de développer votre objectivité. Essayez ce petit exercice : à chaque fois que vous avez consacré beaucoup de temps et d'énergie à quelque chose, considérez le résultat, et uniquement le résultat, avec du recul. Le roman sur lequel vous avez travaillé pendant cinq ans et qui n'intéresse aucun éditeur : peut-être n'est-il pas à la hauteur d'un prix Goncourt ? Le MBA que vous pensiez devoir décrocher pour réussir : pouvez-vous vraiment le recommander à d'autres ? Et la femme que vous convoitez depuis des années : vaut-elle vraiment mieux que celle qui se jette à votre cou ?

POURQUOI LES PETITES SUCCURSALES SORTENT DU LOT

La loi des petits nombres

Vous faites partie de l'équipe dirigeante d'une entreprise de distribution qui possède 1 000 succursales. Un conseiller, chargé par le directeur financier de réaliser une étude sur un thème qui fâche, à savoir le vol à l'étalage, présente ses résultats. Les noms des 100 succursales enregistrant le taux de vol à l'étalage le plus élevé – en pourcentage du chiffre d'affaires – s'affichent à l'écran. Au-dessus, on peut lire en grosses lettres la conclusion suivante : « Les succursales qui ont le plus grand nombre de vols sont situées principalement en zones rurales. » Après un moment de silence et de stupéfaction, le directeur financier prend la parole : « Mesdames et messieurs, la situation est claire. Dorénavant, des systèmes de sécurité supplémentaires seront installés dans les succursales implantées en zones rurales – visiblement, ces balourds de paysans raflent tout ce qui est bon à prendre ! Quelqu'un peut-il l'expliquer ? »

Eh bien, vous ! Demandez au conseiller de vous afficher les noms des 100 succursales enregistrant le taux de vol à l'étalage le plus faible. Après avoir rapidement fait le tri dans ses tableaux Excel, il affiche la liste à l'écran. Surprise : les magasins les moins concernés par les vols à l'étalage sont également situés en zones rurales ! « L'environnement rural ne joue aucun rôle, lancez-vous à l'assemblée, un sourire au coin des lèvres. Ce qui compte, c'est uniquement la taille des magasins. À la campagne, les succursales sont relativement petites. Un seul larcin y exerce donc une influence beaucoup plus forte sur le taux de vols. Par conséquent, les taux en milieu rural fluctuent plus fortement, beaucoup plus que dans les villes où nous avons de plus grandes succursales. Mesdames et messieurs, vous vous êtes fait avoir par la *loi des petits nombres* ! »

La loi des petits nombres ne se comprend pas intuitivement. C'est pourquoi nous – notamment les journalistes, les managers et les conseils de surveillance – tombons si fréquemment dans son piège. Illustrons-la par un exemple extrême. Au lieu du taux de vols à l'étalage, considérons le poids moyen des salariés d'une succursale. Et au lieu d'avoir 1 000 magasins, nous n'en avons plus que deux : un énorme et un minuscule. 1 000 salariés travaillent dans le très grand magasin, alors qu'ils ne sont que deux dans le tout petit. Le poids moyen dans la grande succursale correspond à peu près au poids moyen de la population, soit 75 kg. Quels que soient les salariés nouvellement recrutés ou licenciés, le poids moyen ne change pratiquement pas. La situation est tout autre dans la petite succursale : le poids moyen varie considérablement selon qu'un salarié très corpulent ou très maigre est embauché.

C'est la même chose dans l'exemple des vols à l'étalage : plus les magasins sont petits, plus leurs taux de vols fluctuent. Si l'on établit la liste des taux de vols, que ce soit en ordre croissant ou décroissant, on trouve toujours les petits magasins tout en bas, les grands au milieu et de nouveau les petits tout en haut de la liste. La conclusion du directeur financier ne signifie donc absolument rien et il peut faire l'économie d'un système de sécurité pour les petites succursales.

Supposons que vous lisez le gros titre suivant dans le journal : « Les start-up font travailler des salariés plus intelligents. » Une étude commandée par le ministère des Études inutiles a calculé le QI moyen de l'ensemble des entreprises du pays. Résultat : les start-up arrivent en tête. Qu'en déduisez-vous ? Heureusement rien, car il s'agit ici encore de la loi des petits nombres. Les start-up font travailler relativement moins de salariés. Le QI moyen des petites entreprises varie beaucoup plus fortement que celui des grands groupes. Par conséquent, on va trouver les petites entreprises (et donc les start-up) tout en haut (et tout en bas) de la liste. L'étude est sans aucun intérêt et confirme complètement les lois du hasard.

Moralité : soyez prudent si des études révèlent une particularité concernant les petites entreprises, les petits ménages, les petites villes, les petits centres informatiques, les petites fourmilières, les petites communautés religieuses, les petites écoles, etc. Ce qu'elles vous font passer pour une découverte étonnante n'est en réalité que le résultat tout à fait normal d'une distribution aléatoire. Le prix Nobel d'économie Daniel Kahneman souligne dans son dernier livre que même les scientifiques les plus chevronnés tombent dans le piège de la loi des petits nombres... ce qui nous rassure énormément.

POURQUOI CE À QUOI VOUS VOUS ATTENDEZ INFLUENCE LA RÉALITÉ

L'effet des attentes

L e 31 janvier 2006 Google a publié son résultat financier du quatrième trimestre 2005. Chiffre d'affaires : + 97 %. Bénéfice net : + 82 %. Un trimestre record. Comment la Bourse a-t-elle réagi à ces chiffres phénoménaux ? En quelques secondes, l'action a perdu 16 %. Les cotations ont dû être interrompues. Lorsqu'elles ont repris, l'action Google perdait encore 15 %. La panique était totale. On pouvait lire sur le blogue d'un trader désespéré : « Quel est le meilleur gratte-ciel pour se jeter dans le vide ? » Que s'est-il passé ? Les analystes de Wall Street attendaient un résultat encore meilleur, ce qui a amputé l'évaluation de la société de 20 milliards de dollars.

Tout investisseur sait qu'il est impossible de prédire avec exactitude un résultat financier. La réaction la plus raisonnable serait donc de se dire : « J'ai mal évalué, c'est de ma faute. » Mais les investisseurs réagissent tout autrement. En janvier 2006, lorsque Juniper Networks a annoncé un bénéfice par action inférieur de moins d'un dixième de centime (!) aux *attentes* des analystes, le cours de l'action a chuté de 21 % et l'évaluation de l'entreprise de 2,5 milliards de dollars. L'erreur d'appréciation a beau être plus que négligeable, la correction est sans appel, du moins dans le cas où les attentes sont énormes.

De nombreuses entreprises ne ménagent pas leurs efforts pour satisfaire les attentes des analystes financiers. Et pour échapper à cette terreur, certaines sont même allées jusqu'à publier leurs propres attentes – ce qu'on appelle le résultat estimé ou les prévisions de résultat. Une manœuvre peu habile, car désormais le marché se contente d'examiner ces attentes internes, mais d'un regard encore moins bienveillant. Sachant qu'ils n'ont pas le droit à l'erreur, les directeurs financiers se voient contraints d'anticiper leurs résultats avec une précision diabolique et, à cet effet, recourent à tout un arsenal d'astuces comptables.

Les attentes n'engendrent pas uniquement des incitations absurdes. Elles peuvent aussi conduire à des actions particulièrement louables. En 1965 le psychologue américain Robert Rosenthal a mené une expérience remarquable dans plusieurs écoles : il a fait croire aux enseignants qu'il avait développé un test permettant d'identifier les élèves à l'avenir prometteur – 20 % étaient concernés. En réalité, ces 20 % avaient été choisis au hasard. Au bout d'un an le psychologue a remarqué que les enfants jugés prometteurs avaient augmenté leur QI beaucoup plus fortement que leurs camarades du groupe témoin. Cet effet a été baptisé l'*effet Pygmalion*.

Contrairement aux PDG et aux directeurs financiers qui adaptaient consciemment leur comportement aux attentes des analystes, les enseignants influençaient inconsciemment les élèves – l'effet Pygmalion est un phénomène inconscient. Selon toute vraisemblance, les enseignants prêtaient davantage attention, à leur insu, aux élèves supposés les plus prometteurs. Et, du coup, ces élèves affichaient une meilleure réussite scolaire. Le fait que les enseignants les croyaient capables, non seulement de meilleurs résultats scolaires, mais aussi de traits de caractère plus favorables, montre à quel point ils se laissaient tromper par leurs attentes à leur égard.

Comment réagissons-nous à nos propres attentes ? Nous avons affaire ici à l'effet placebo – des thérapies ou des médicaments chimiquement inactifs censés ne pas induire de processus de guérison, mais qui en déclenchent tout de même un. L'effet placebo fonctionne chez un tiers des patients. Comment ? Il existe peu d'études à ce sujet. Le fait est que les attentes modifient la biochimie du cerveau et donc de l'ensemble de l'organisme. C'est la raison pour laquelle les patients atteints de la maladie d'Alzheimer ne peuvent pas bénéficier de l'effet placebo – la région cérébrale où se forment les attentes ne fonctionnant plus chez eux.

Moralité : les attentes sont peut-être dénuées de tout fondement, mais leur effet est bien réel. Elles ont le pouvoir de transformer la réalité. Peut-on s'y soustraire ? Peut-on mener une vie sans avoir d'attentes ? Non. Mais on peut les manier avec davantage de précaution. Ayez des attentes plus élevées à votre égard et à l'égard des personnes qui vous sont chères. Ainsi, vous augmenterez votre propre motivation et la leur. En même temps, diminuez vos attentes à l'égard de tout ce que vous ne pouvez pas contrôler – le marché boursier, par exemple. Paradoxalement, le meilleur moyen de se protéger des mauvaises surprises est justement de s'attendre à des surprises.

NE CROYEZ PAS TOUTES LES BÊTISES QUI VOUS VIENNENT SPONTANÉMENT À L'ESPRIT

L'illusion du « c'est logique ! »

Trois questions simples. Notez les réponses dans la marge. 1) Dans un magasin, l'ensemble raquette de ping-pong + balle de ping-pong coûte 1,10 euro. La raquette coûte un euro de plus que la balle. Combien coûte la balle ? 2) Dans une usine textile, 5 machines ont besoin de 5 minutes pile pour produire 5 chemises. De combien de minutes 100 machines ont-elles besoin pour produire 100 chemises ? 3) Des nénuphars poussent dans un étang. Ils se multiplient assez rapidement, car chaque jour la surface qu'ils occupent est doublée. Il faut 48 jours pour que l'étang soit entièrement couvert de nénuphars. Combien de jours faudrait-il aux nénuphars pour couvrir la moitié de l'étang ? Répondez à ces trois questions avant de poursuivre votre lecture.

Il existe une réponse intuitive – et une réponse juste – à chacune de ces trois questions. Bien sûr, ce sont les réponses intuitives qui nous viennent spontanément à l'esprit : 10 cents, 100 minutes et 24 jours. Mais ces réponses intuitives sont fausses. Les bonnes réponses sont : 5 cents, 5 minutes et 47 jours. Combien de réponses justes avez-vous ?

Shane Frederick a mis au point ce *Cognitive Reflection Test* (CRT), littéralement « Test de réflexion cognitive », et l'a soumis à des milliers de personnes. Ce sont les étudiants du Massachusetts Institute of Technology (MIT) de Boston qui ont obtenu les meilleurs résultats. Ils avaient en moyenne 2,18 réponses justes. Les étudiants de l'université de Princeton arrivaient en deuxième position avec une moyenne de 1,63 réponse juste. Quant aux étudiants de l'université du Michigan, ils étaient loin derrière avec une moyenne de 0,83 réponse juste. Mais ici, les moyennes n'ont aucun intérêt. Ce qui est intéressant, c'est de savoir en quoi les individus qui ont bien répondu se distinguent des autres.

La question de savoir si vous préférez un « tiens » à deux « tu l'auras » donne déjà une première indication. Shane Frederick a découvert que les individus affichant les moins bons résultats au CRT ont effectivement tendance à préférer recevoir une chose plutôt que la promesse d'une autre chose de plus grande valeur. Ils préfèrent être sûrs de leur coup en se disant qu'ils « tiennent » quelque chose. En revanche, les individus qui ont donné au moins deux réponses justes ont tendance à préférer les deux « tu l'auras », c'est-à-dire l'option la plus risquée. Cela vaut principalement pour les hommes.

Un autre critère qui distingue les deux groupes est la capacité de renoncement. Dans mon précédent livre, j'ai parlé de l'*actualisation hyperbolique* et de la force d'attraction de l'instant présent. À cet égard, Shane Frederick a posé la question suivante : « Préféreriez-vous 3 400 dollars maintenant ou 3 800 dollars dans un mois ? » Les individus qui ont enregistré les plus mauvais résultats au test ont tendance à accepter aussitôt les 3 400 dollars. Ils ont beaucoup de mal à se montrer patients et persévérants. Ils sont plus impulsifs. Une tendance qui s'applique aussi à leurs décisions d'achat. En revanche, les individus qui ont bien réussi le CRT préfèrent attendre un mois. Ils utilisent la force de leur volonté pour renoncer à la gratification immédiate et en sont récompensés ultérieurement.

Penser est plus fatigant que fonctionner « au feeling ». La pensée rationnelle réclame davantage de volonté que de s'en remettre à l'intuition. Autrement dit : les individus intuitifs sont moins enclins aux remises en question. C'est ce qui a conduit Amitai Shenhav, psychologue à Harvard, et ses collègues à l'idée selon laquelle le résultat au CRT pouvait en dire long sur les croyances des individus. Et bingo ! Les Américains qui obtiennent les meilleurs résultats au CRT (l'étude n'a été menée qu'aux États-Unis) sont plutôt athées et leur athéisme s'est encore renforcé au fil des années. En revanche, ceux qui obtiennent les moins bons résultats ont tendance à croire en Dieu et à l'immortalité de l'âme, et disent avoir déjà vécu des expériences spirituelles. Il est clair que plus les individus prennent des décisions intuitives, moins ils font appel à la raison, notamment pour remettre en question leurs croyances religieuses.

Si vous n'êtes pas entièrement satisfait de vos résultats au CRT et souhaitez les améliorer, vous avez tout intérêt à accueillir avec scepticisme les questions de logique les plus simples. Tout ce qui semble plausible n'est pas vrai. Abstenez-vous de croire à toutes les c... qui vous viennent spontanément à l'esprit. D'accord ? Alors encore un petit test : vous rouliez à 100 km/h pour vous rendre d'un point A à un point B, et à 50 km/h pour revenir du point B au point A. Quelle était votre vitesse moyenne ? 75 km/h ? Pas si vite, voyons, pas si vite !

La bonne réponse est : 66,66 km/h.

COMMENT DÉMASQUER
UN CHARLATAN
L'effet Forer

Chère lectrice, cher lecteur, cela va vous surprendre, mais je vous connais personnellement. Je vais donc brosser rapidement votre portrait : « Vous avez besoin de la sympathie et de l'admiration des autres, et pourtant vous êtes porté à l'autocritique. Certes, vous avez des points faibles mais, globalement, vous arrivez à les compenser. Vous possédez des capacités considérables que vous n'exploitez pas. Vous apparaissez comme quelqu'un de discipliné et de contrôlé, mais au fond de vous, vous ressentez une certaine inquiétude et un manque de confiance. De temps en temps, vous doutez du bien-fondé de vos décisions. Vous avez parfois besoin de changement et vous n'aimez pas qu'on vous interdise certaines choses ou qu'on limite votre marge de manœuvre. Vous êtes fier de votre indépendance d'esprit et ne prenez pas ce que les autres disent pour argent comptant. Vous jugez imprudent de vous livrer avec trop de franchise. Vous êtes tantôt extraverti, aimable et accueillant, tantôt introverti, sceptique et réservé. Parfois, vos souhaits semblent totalement irréalistes. » Alors ? Vous vous reconnaissez ? Dans quelle mesure ce portrait vous ressemble-t-il ? Évaluez sa pertinence sur une échelle de 0 (non pertinent) à 5 (très pertinent).

En 1948, le psychologue américain Bertram Forer a fait lire ce texte à ses étudiants. Il avait extrait son contenu de la rubrique « Astrologie » de différents magazines. Et il a fait croire à chaque étudiant que ce portrait lui était personnellement destiné et qu'il l'avait rédigé exprès pour lui. Les étudiants ont évalué la pertinence de cette description de leur personnalité à 4,3 sur 5, soit un taux de 86 %. L'expérience a été répétée cent fois au cours des décennies suivantes, avec des résultats toujours pratiquement identiques.

Je parie que vous aussi avez évalué la pertinence de ce portrait à 4 ou 5. Les individus ont tendance à juger très pertinentes pour eux-mêmes les descriptions de personnalité adaptées au plus grand nombre. Les scientifiques appellent ce phénomène l'*effet Forer*. L'effet Forer explique pourquoi les pseudosciences telles que l'astrologie, l'astrothérapie, la graphologie, les biorythmes, la chiromancie, la tarologie et la communication avec les défunts fonctionnent si bien.

Qu'est-ce qui se cache derrière l'effet Forer ? Premièrement, la plupart des descriptions contenues dans ce type de texte sont tellement générales qu'elles marchent à tous les coups : « Parfois, vous doutez sérieusement du bien-fondé de vos actions. » Qui n'en doute jamais ? Deuxièmement, nous acceptons les descriptions flatteuses même si elles ne nous correspondent pas : « Vous êtes fier de votre indépendance d'esprit. » Qui aime à se considérer comme un vulgaire suiveur passablement stupide ? Troisièmement, ce qu'on appelle l'*effet de la caractéristique positive* est à l'œuvre : le texte n'emploie pas d'affirmations négatives, il ne dit pas ce qu'un individu n'est pas – alors que l'absence de qualités aurait également sa place dans un portrait psychologique. Quatrièmement, le *biais de confirmation*, père de tous les biais cognitifs, joue un rôle majeur : nous acceptons ce qui correspond à l'image que nous avons de nous-même et, inconsciemment, laissons de côté tout le reste. Il en résulte un portrait cohérent.

Ce que les astrologues, les férus de tarots et autres chiromanciens accomplissent, les consultants et les analystes en sont capables depuis longtemps. « L'action XYZ a un potentiel de croissance considérable, même dans un environnement de plus en plus concurrentiel. Il ne manque à l'entreprise qu'une force d'engagement suffisante pour concrétiser les idées du département R&D. L'équipe managériale est constituée de professionnels du secteur particulièrement compétents, mais qui n'échappent pas au poids d'une certaine bureaucratisation. Le compte de résultat montre clairement que des mesures d'économie sont possibles. Nous conseillons à l'entreprise de s'intéresser d'encore plus près aux pays émergents pour s'assurer une part de marché dans les années à venir. » Des propos qui sonnent bien, n'est-ce pas ? Et qui peuvent s'appliquer à toutes les actions.

Comment pouvez-vous juger de la qualité d'un gourou – par exemple d'un astrologue ? Demandez-lui de brosser le portrait de vingt personnes de votre choix et de noter ses descriptions sur des petites cartes. Pour préserver l'anonymat, les petites cartes sont numérotées de 1 à 20 et chaque numéro correspond à un nom. Bien sûr, les personnes ignorent leur numéro. Chacune reçoit une copie de toutes les cartes. Si toutes ces personnes (ou presque) choisissent la carte qui correspond à leur numéro, vous pouvez vous dire que vous avez affaire à un vrai professionnel. Personnellement, je n'en ai encore jamais rencontré.

POURQUOI LES ACTIONS CARITATIVES, C'EST BON POUR LES STARS

La folie du bénévolat

Jacques, photographe, est à la bourre du lundi au vendredi. Il travaille pour des magazines de mode et fait régulièrement la navette entre Milan, Paris et New York. Toujours à la recherche de la plus belle fille, des créations les plus originales et de la lumière parfaite, il n'arrête jamais. Il s'est fait un nom dans ce milieu, ce qui lui permet de bien gagner sa vie – il prend facilement 500 euros de l'heure. « Autant qu'un avocat d'affaires, lance-t-il fièrement à ses potes, et les personnes que j'ai devant mon objectif sont quand même mieux fichues que des banquiers ! »

Jacques mène une vie enviable, et pourtant il se pose pas mal de questions ces derniers temps. C'est presque comme si quelque chose s'était glissé entre lui et le monde de la mode. Le narcissisme de cet univers le dégoûte soudain. Parfois, allongé sur son lit, le regard fixé au plafond, il aspire à un travail porteur de sens. Il voudrait retrouver son altruisme d'antan et, même à sa petite échelle, contribuer à « améliorer le monde ».

Un jour, son téléphone portable se met à sonner. C'est Patrick, son ancien camarade de classe devenu président de l'association locale de protection de l'avifaune. « Samedi prochain, c'est notre journée annuelle des abris pour oiseaux. Nous cherchons des volontaires pour nous aider à construire des abris spéciaux pour des espèces particulièrement menacées. Nous les installons ensuite dans la forêt. Tu es des nôtres ? Nous nous donnons rendez-vous à huit heures et devrions avoir fini en début d'après-midi. »

À votre avis, que doit répondre Jacques s'il lui tient vraiment à cœur d'améliorer le monde ? Vous avez raison, la chose à faire c'est de refuser la proposition de son ancien camarade. Pourquoi ? Il gagne 500 euros de l'heure. Un menuisier, 50. Jacques a donc tout intérêt à travailler une heure de plus comme photographe et à faire appel à un menuisier qui mettra six heures à construire un abri de qualité irréprochable. Il pourra verser la différence de 200 euros à l'association (laissons les impôts de côté). Ainsi, il œuvrera bien davantage à améliorer le monde qu'en donnant lui-même un coup de main.

Malheureusement, Jacques a toutes les chances d'accepter la proposition de son ancien camarade. Les économistes parlent de la *folie du bénévolat*. Une idée complètement saugrenue mais largement répandue : on compte plus de 16 millions de bénévoles en France et un Allemand sur trois s'engage bénévolement. Pour pousser encore plus loin l'argument anti-bénévolat, on peut affirmer que si Jacques construit lui-même des nichoirs, il retire du travail à un menuisier et ne contribue donc pas du tout à l'amélioration du monde.

Nous abordons ici le thème ô combien délicat de l'altruisme. Le désintéressement existe-t-il vraiment ? Tout travail bénévole ne procure-t-il pas un avantage personnel ? L'étude du gouvernement allemand sur la question du bénévolat est sans équivoque : la motivation principale des bénévoles est une sorte de besoin démocratique de co-création sociale. Vient ensuite l'envie de nouer des contacts sociaux, de passer un moment agréable, source de plaisir, et de faire de nouvelles expériences. Du désintéressement ? Bien au contraire : *stricto sensu*, tout individu qui éprouve la moindre once de satisfaction en faisant du bénévolat n'est pas un véritable altruiste.

Comme nous l'avons vu, travailler plus et faire don d'une partie de l'argent gagné constituerait l'aide la plus efficace que Jacques pourrait apporter au monde. Et son bénévolat n'aurait du sens que s'il pouvait y investir son savoir et ses compétences techniques. Si, par exemple, l'association de protection des oiseaux envisageait un appel aux dons accompagné d'une photo que seul un photographe de talent serait capable d'obtenir, alors Jacques pourrait prendre lui-même la photo. Il pourrait aussi travailler une heure de plus et faire don de cet argent à l'association, qui alors pourrait s'offrir les services d'un photographe professionnel – animalier de préférence.

Alors, Jacques est-il vraiment idiot d'accepter la proposition de son ancien camarade ? Pas forcément. Il y a une exception à la folie du bénévolat : les célébrités. Si Kate Winslet, Mark Zuckerberg ou Angelina Jolie se font photographier en train de construire des abris pour oiseaux, de nettoyer des plages souillées par une marée noire ou de porter secours aux victimes d'un tremblement de terre, ils contribuent au retentissement international de la cause qu'ils défendent. Jacques doit donc se demander, en posant un regard honnête sur lui-même, s'il est vraiment une star ou s'il se prend pour une star. C'est la même chose pour vous et moi : tant que les gens ne nous courent pas après dans la rue, nous devrions refuser le bénévolat et nous contenter de faire des dons d'argent.

POURQUOI VOUS ÊTES LE JOUET DE VOS SENTIMENTS
L'heuristique d'affect

Q ue pensez-vous du blé génétiquement modifié ? Un vaste sujet sur lequel vous n'allez pas vouloir vous prononcer de manière précipitée. Il serait rationnel de considérer les avantages et les inconvénients de cette technologie controversée et de faire la part des choses. Vous établissez donc la liste de tous les avantages possibles, vous les évaluez, puis vous les multipliez par la probabilité qu'ils se vérifient. Vous obtenez alors une liste de « valeurs d'attente ».

Vous procédez à l'identique pour les inconvénients : vous les listez, vous évaluez leurs conséquences possibles et vous les multipliez par leur probabilité de vérification. Vous retranchez les valeurs d'attente négatives des valeurs d'attente positives et vous obtenez la valeur d'attente nette. Si elle est supérieure à zéro, vous êtes favorable au blé génétiquement modifié. Si elle est inférieure, vous êtes contre.

Vous connaissez probablement ce procédé : il est décrit dans tous les ouvrages sur la théorie des processus décisionnels. Mais il est tout aussi probable que vous ne vous soyez jamais donné la peine de réaliser cette évaluation. Et il est certain que les professeurs qui écrivent des traités sur ce sujet n'ont jamais choisi leur épouse de cette manière.

Personne n'opère de cette façon. D'abord parce que nous n'avons pas assez d'imagination pour répertorier tous les avantages et inconvénients possibles. Nous sommes limités par ce qui nous vient à l'esprit, et cela dépasse rarement l'horizon modeste de notre expérience. On ne peut pas s'imaginer une tempête du siècle quand on a trente ans. Ensuite, il est impossible de calculer des petites probabilités, car les événements rares fournissent trop peu de données. Enfin, notre cerveau n'est pas conçu pour effectuer de tels calculs. Si nos ancêtres avaient cogité trop longtemps, ils auraient disparu dans le ventre d'une bête féroce. Nous sommes les descendants des décideurs les plus prompts. Nous utilisons des raccourcis de pensée – des heuristiques cognitives.

L'une de nos heuristiques préférées est l'*heuristique d'affect*. Un affect est une émotion momentanée : vous aimez quelque chose ou vous ne l'aimez pas. Le mot « nuisances aériennes » déclenche un affect négatif. Le mot « luxe » un affect positif. Cette impulsion automatique et élémentaire vous empêche de considérer les risques et les avantages comme des grandeurs indépendantes – ce qu'ils sont en réalité. Du coup, risques et avantages sont suspendus au même fil affectif.

Votre attitude émotionnelle vis-à-vis de questions telles que l'énergie nucléaire, les légumes bio, les écoles privées ou la moto détermine la manière dont vous évaluez les risques et les avantages qu'ils comportent. Si vous aimez quelque chose, vous êtes convaincu que les risques sont faibles et les avantages élevés. Paul Slovic a interrogé des milliers de personnes sur différentes technologies et constaté ce phénomène : nous sommes le jouet de nos sentiments. S'il n'existait pas d'heuristique d'affect, nos évaluations des risques et des avantages seraient indépendantes les unes des autres.

Encore plus impressionnant : supposons que vous possédez une Harley-Davidson. Si vous apprenez, par exemple en lisant une étude, que les risques de la conduite en moto sont encore bien plus grands qu'on le supposait au départ, vous allez réajuster inconsciemment votre évaluation des avantages – « un sentiment de liberté encore plus grand ».

Mais comment un affect, cette première émotion spontanée, se forme-t-il ? Des chercheurs de l'université du Michigan ont éclairé pendant moins d'un centième de seconde une photo parmi les trois suivantes – un visage souriant, un visage mécontent et un visage neutre. Aussitôt après, les volontaires devaient indiquer s'ils aimaient ou n'aimaient pas un caractère chinois. La plupart ont manifesté une préférence à l'égard du caractère qui leur a été montré juste après le visage souriant.

Des choses apparemment insignifiantes influencent donc nos affects – jusqu'à ce mélange étrange que nous appelons le climat boursier. Les chercheurs américains Hirshleifer et Shumway ont sélectionné 26 grandes places boursières dans le monde et étudié le lien entre la durée de l'ensoleillement matinal et l'évolution journalière des cours boursiers entre 1982 et 1997. Et qu'ont-ils constaté ? Une corrélation qui se lit comme un dicton paysan : si le soleil brille le matin, la Bourse monte dans la journée. Bien sûr, pas systématiquement, mais la plupart du temps. L'ensoleillement matinal agit visiblement comme un *smiley*.

Moralité : vous prenez des décisions complexes en consultant votre ressenti. Vous remplacez la question « Qu'est-ce que j'en pense ? » par la question « Qu'est-ce que je ressens par rapport à cela ? » Naturellement, vous ne l'admettrez jamais spontanément.

POURQUOI VOUS DEVRIEZ VOUS REMETTRE EN QUESTION PLUS SOUVENT

L'illusion d'introspection

B runo fabrique des comprimés vitaminés. Son père avait créé l'entreprise à l'époque où les vitamines n'étaient pas encore des produits de grande consommation, mais des médicaments délivrés sur prescription médicale. Lorsque Bruno a repris l'entreprise au début des années 1990, la demande de vitamines et de compléments alimentaires explosait. Le jeune chef d'entreprise a saisi cette opportunité sans attendre. Il s'est endetté jusqu'à la limite du raisonnable pour développer la production. Aujourd'hui il est à la tête de l'une des entreprises les plus prospères du secteur et président de l'Association européenne des fabricants de vitamines. Depuis son enfance, il ne se passe pas une journée sans qu'il avale au moins trois comprimés d'un complexe vitaminé. Interrogé par un journaliste qui lui demande si les vitamines sont bonnes pour la santé, il répond : « J'en suis profondément convaincu. » Question : Et vous ? Le croyez-vous ?

Et je vous pose encore une autre question. Prenez une idée, n'importe laquelle, à laquelle vous croyez dur comme fer. Par exemple que le cours de l'or va augmenter dans les cinq prochaines années. Ou que Dieu existe. Quelle que soit votre conviction, notez-la par écrit en une seule phrase. Vous croyez-vous ?

Vous jugez votre conviction plus valable que celle de Bruno, n'est-ce pas ? Voici pourquoi : parce que, dans votre cas, il s'agit d'une observation dirigée vers l'intérieur et dans le cas de Bruno d'une observation dirigée vers l'extérieur. Autrement dit, vous pouvez voir dans votre propre âme mais pas dans celle de Bruno.

Dans le cas de Bruno, vous pensez : « Ses intérêts dans l'affaire le portent à croire que les vitamines sont utiles. Finalement, sa prospérité et son statut social dépendent de la réussite de son entreprise. Il doit maintenir une tradition familiale. Et comme il a avalé des vitamines depuis sa plus tendre enfance, il ne pourra jamais admettre que tout cela ne servait à rien. » Votre cas à vous est différent. Vous interrogez directement votre conscience. De façon totalement impartiale, évidemment. Du moins le croyez-vous.

Et pourtant, dans quelle mesure l'introspection est-elle pure et sincère ? Le psychologue suédois Petter Johannson a présenté rapidement, et de loin, deux portraits à des volontaires qui devaient lui dire lequel des deux visages ils trouvaient le plus agréable. Ensuite, il leur a montré de près la photo qu'ils avaient globalement préférée en leur demandant d'expliquer pourquoi ils trouvaient ce visage plus sympathique. Mais, au dernier moment, il a échangé les photos, ni vu ni connu. La plupart des volontaires n'ont pas remarqué le tour de passe-passe et ont justifié de façon très détaillée pourquoi cette photo-là (la fausse) leur plaisait mieux. Résultat : l'introspection n'est pas fiable. Lorsque nous nous livrons à l'introspection pour sonder les profondeurs de notre âme, nous construisons quelque chose.

La croyance selon laquelle nous tombons sur ce qui est vrai ou juste en nous livrant à l'introspection s'appelle l'*illusion d'introspection*. Et nul n'y échappe. Parce que nous sommes si solidement convaincus de nos convictions, nous avons trois réactions lorsque quelqu'un ne partage pas notre vision des choses. Réaction 1 : l' « hypothèse d'ignorance » – l'autre ne possède tout simplement pas les informations nécessaires. S'il était au courant, il serait de notre avis. Il a juste besoin d'être éclairé sur la question. Les activistes pensent ainsi – ils croient qu'ils peuvent convaincre les autres en les informant.

Réaction 2 : l' « hypothèse d'idiotie » – l'autre possède bien les informations nécessaires, mais son cerveau est sous-développé, ce qui l'empêche de tirer les bonnes conclusions. L'autre est stupide, tout simplement. Cette réaction est particulièrement répandue chez les bureaucrates qui veulent protéger les consommateurs « idiots » d'eux-mêmes.

Réaction 3 : l' « hypothèse de méchanceté » – l'autre possède les bonnes informations, il les comprend, mais il cherche la confrontation. Il a de mauvaises intentions. C'est ainsi que de nombreux croyants traitent les incroyants : ils doivent être les élus du diable !

Moralité : rien n'est plus convaincant que vos propres convictions. Tenir bon à tout prix est naturel, mais dangereux. L'introspection, ce regard vers l'intérieur de soi, est en grande partie fabriquée de toute pièce. Si vous vous faites confiance de manière excessive et depuis trop longtemps, le réveil risque d'être particulièrement brutal. Par conséquent, soyez d'autant plus critique envers vous-même que vos convictions sont fortes. Un homme intelligent n'a pas besoin de dogme et se remet en cause régulièrement.

POURQUOI VOUS DEVRIEZ BRÛLER TOUS VOS VAISSEAUX

L'incapacité à fermer des portes

P rès de mon lit, j'ai une belle pile de livres – deux dou-
zaines – tous commencés. Je ne veux me séparer d'aucun,
n'en terminer aucun. J'en feuillette un par-ci, un autre par-là.
Mais je n'en tire rien de valable de cette manière, malgré mes
nombreuses heures de lecture. Je sais pertinemment qu'il
serait plus fructueux de lire un livre à la fois et de mettre les
autres de côté. Pourquoi est-ce que je ne le fais pas ?

Je connais un homme qui fréquente trois femmes en
même temps. Il les aime toutes et peut s'imaginer fonder une
famille avec chacune. Mais il n'a pas le cœur à se décider
pour l'une d'entre elles parce que cela sonnerait le glas de sa
relation avec les deux autres. S'il ne se décide pour aucune,
toutes les possibilités restent ouvertes – au risque de ne jamais
pouvoir développer une vraie relation avec une femme.

Je vois des jeunes qui suivent en parallèle deux ou trois
filières universitaires en croyant, à tort, qu'ils auront ainsi
davantage de perspectives de carrière. Mais après tout, qu'y
a-t-il de condamnable à se laisser plusieurs portes ouvertes ?

Au IIIe siècle av. J.-C., le général Xiang Yu a installé son
armée au bord du Yangzi Jiang pour combattre les troupes de
la dynastie Qin. Pendant que ses hommes dormaient, il a brûlé

tous les bateaux. Le lendemain il leur a dit : « Maintenant, vous avez le choix : soit vous combattez jusqu'à la victoire, soit vous mourrez. » En ôtant toute possibilité de retour à ses hommes, il les a obligés à concentrer leur attention sur la seule chose qui comptait : le combat. Le conquistador espagnol Cortés a utilisé le même stratagème au xvie siècle : après avoir débarqué sur la côte orientale du Mexique, il a coulé ses propres navires.

Xiang Yu et Cortés sont des exceptions. Le commun des mortels fait tout pour se réserver un maximum de possibilités. Les professeurs de psychologie Dan Ariely et Jiwoong Shin ont montré la force de cet instinct en réalisant une expérience à l'aide d'un jeu vidéo. Sur l'écran apparaissaient trois portes : une rouge, une bleue et une verte. Les joueurs démarraient le jeu avec un avoir de 100 points. L'ouverture d'une porte leur coûtait un point. Dans chaque pièce, il y avait des points à gagner. Il était assez facile d'identifier la pièce qui rapportait le plus de points. Les joueurs ont agi en toute logique : ils ont trouvé la pièce qui leur faisait gagner un maximum de points et y sont restés durant toute la partie. Mais les deux chercheurs ont changé les règles du jeu. Chaque porte que les joueurs n'ouvraient pas pendant douze coups (douze clics de souris) disparaissait définitivement. Les joueurs se sont mis à courir d'une porte à l'autre pour ne pas perdre l'accès à une « salle du trésor » potentielle. Résultat : ils ont gagné 15 % de points en moins que lorsqu'ils restaient dans la pièce qui leur rapportait le maximum. Les professeurs ont ensuite augmenté le coût d'ouverture d'une porte de 1 à 3 points. Aucun effet. Les joueurs ont continué à gaspiller leur avoir pour se laisser toutes les options ouvertes. Même lorsque les chercheurs leur disaient quelle pièce rapportait le plus de points, ils ne modifiaient pas leur comportement. Ils ne supportaient pas l'idée de renoncer à des possibilités.

Pourquoi agissons-nous de manière aussi stupide ? Parce que l'inconvénient lié à ce comportement n'est pas évident.

Ce phénomène est particulièrement manifeste dans le monde de la finance : une option sur un titre coûte toujours quelque chose. Les options ont également un prix dans tous les autres domaines, mais ce prix à payer est caché : chaque option nous coûte de l'énergie mentale et consomme une ressource qui nous est précieuse – le temps. Ce temps que nous utilisons pour penser et pour vivre. Le PDG qui examine toutes les stratégies d'expansion possibles et imaginables n'en applique finalement aucune. L'entreprise qui veut plaire à tous les segments de clientèle finit par ne plus plaire à aucun d'entre eux. Le vendeur qui veut suivre toutes les tendances se retrouve au bout du compte sans clients.

Moralité : nous ne pouvons pas nous empêcher d'être au four et au moulin, de ne rien exclure et d'être ouverts à tous les possibles. Mais cette démarche reste vaine. Nous devons apprendre à fermer des portes. Adoptez une stratégie de vie – analogue à une stratégie d'entreprise qui n'est rien d'autre qu'une décision consciente de laisser de côté certaines possibilités. Un beau poème de l'Américaine Emily Dickinson, écrit au XIXe siècle, s'intitule « *I dwell in possibility* » (« J'habite dans la possibilité »). Très beau, en effet, mais pas rentable. Les poètes et poétesses ne sont pas forcément de bons stratèges.

POURQUOI VOUS TROQUEZ CE QUI EST BIEN CONTRE CE QUI EST NOUVEAU

La néomanie

À quoi ressemblera le monde dans 50 ans ? De quoi sera fait votre quotidien ? De quels objets vous entourerez-vous ? Voici comment les individus qui se sont posé ces questions il y a 50 ans s'imaginaient notre réalité d'aujourd'hui : un ciel qui grouille de voitures volantes. Des villes qui ressemblent à des mondes de cristal – avec des trains à sustentation magnétique qui serpentent comme des spaghettis entre les gratte-ciel de verre. Ils nous voyaient habiter dans des cellules en plastique, travailler dans des villes sous-marines, passer des vacances sur la Lune et nous nourrir de pilules. Un monde dans lequel nous n'engendrons pas d'enfants, mais les choisissons sur catalogue. Un monde dans lequel nos meilleurs amis sont des robots, où la mort n'existe plus et où il y a longtemps que nous avons troqué notre bon vieux vélo contre un jet.

Regardez autour de vous. Vous êtes assis sur une chaise – une invention de l'Égypte des pharaons. Vous portez un pantalon, inventé il y a plus de 5 000 ans et adapté par les Germains vers 750 av. J.-C. Vos chaussures de cuir ont été conçues lors de la dernière glaciation. Votre étagère de livres n'est pas en plastique, mais en bois, le plus vieux matériau du monde. Vous lisez ce texte sur du papier imprimé et peut-être avec des lunettes – comme déjà votre arrière-grand-père. Pour manger, vous vous asseyez probablement, comme il le faisait déjà, à une table en bois et vous portez à votre bouche des morceaux d'animaux morts et de végétaux avec une fourchette (une innovation datant de l'époque romaine). Rien n'a changé.

Mais à quoi ressemblera le monde dans 50 ans ? Le philosophe Nassim Taleb nous en brosse les contours dans son nouveau livre *Antifragile : Les bienfaits du désordre*. Supposez que la plupart des technologies qui existent depuis au moins 50 ans dureront encore un demi-siècle. Et attendez-vous à ce que les technologies qui n'existent que depuis quelques années soient mortes et enterrées dans quelques années. Pourquoi ? Considérez les technologies comme des espèces animales : ce qui a résisté à la tempête de l'innovation pendant des siècles continuera de résister dans le futur. L'ancien résiste au temps, il possède une logique inhérente – même si nous ne la comprenons pas toujours. Si quelque chose traverse les siècles, ce n'est pas pour rien. Il y a forcément une raison.

Toute société qui s'imagine son avenir accorde beaucoup trop de poids aux inventions les plus excitantes du moment, aux fameuses *killer apps*, ces applications qui tuent la concurrence. Et toute société sous-estime le rôle des techniques traditionnelles. Avec la conquête de l'espace des années 1960, nous nous imaginions organiser des voyages scolaires sur la planète Mars. Avec la révolution du plastique des années 1970, nous nous voyions vivre dans des maisons de plastique. Nous surestimons systématiquement le rôle de la nouveauté. Nassim Taleb attribue cette tendance au biais de *néomanie* – la « manie de la nouveauté ». Et pourtant, l'objet dernier cri va disparaître plus vite que nous le pensons. Gardez cela à l'esprit la prochaine fois que vous participerez à une réunion de politique stratégique interne. Votre quotidien dans 50 ans ressemblera globalement à votre vie actuelle. Certes, il pleuvra de partout de nouveaux gadgets fonctionnant à partir de technologies soi-disant magiques. Mais ils ne feront pas long feu. Le *bullshit filter* (littéralement le « filtre à conneries », une expression inventée par Taleb) de l'histoire va les éliminer. La néomanie revêt encore un autre aspect. Autrefois, j'avais de la sympathie à l'égard des *early adopters*, cette race de gens qui veulent être les premiers à adopter une nouvelle tendance et sont incapables de vivre sans le dernier iPhone. Je croyais ces individus en avance sur leur temps. Aujourd'hui je les considère comme des êtres irrationnels et atteints d'une sorte de maladie. L'avantage concret qu'une invention peut leur apporter ne les intéresse pas. Ce qui compte à leurs yeux, c'est uniquement l'aspect de la nouveauté.

Il est clair que vous n'avez pas besoin de vous pencher trop loin par la fenêtre pour prédire l'avenir. Max Frisch le montrait parfaitement dans *Homo faber*, un roman paru en 1957. Un professeur y prédit l'utopie d'un monde connecté électroniquement : « Vous riez, messieurs, mais c'est ainsi, voyager, c'est de l'atavisme ; viendra le jour où il n'y aura plus du tout de trafic, et seuls les couples de jeunes mariés, en fiacre, se déplaceront encore à travers le monde, et personne d'autre. » J'ai lu cela il y a quelques mois – dans un avion pour New York.

POURQUOI LA PROPAGANDE FONCTIONNE À RETARDEMENT

L'effet d'assoupissement

Durant la Seconde Guerre mondiale, tous les pays ont produit des films de propagande. Les citoyens, notamment les soldats, devaient combattre avec enthousiasme pour la patrie et mourir si nécessaire. Les États-Unis ont dépensé tellement d'argent pour leur propagande que le ministère de la Défense américain a voulu savoir si des films aussi coûteux en valaient vraiment la peine. De nombreuses études ont été menées dans le but de découvrir comment l'attitude de soldats ordinaires se modifiait juste après la projection d'un film de propagande. Le résultat fut décevant : les films en question ne renforçaient pas le moins du monde l'enthousiasme patriotique.

Parce qu'ils étaient mal faits ? Sûrement pas ! Plutôt parce que les spectateurs savaient qu'il s'agissait de propagande, ce qui a discrédité les informations véhiculées par ces films avant même qu'ils soient projetés. Manifestement, les films de propagande du gouvernement américain n'ont pas réussi à transmettre d'arguments logiques – les spectateurs les ont immédiatement dépréciés – ni à toucher émotionnellement.

Mais l'histoire ne s'arrête pas là. Neuf semaines après la projection des films, il s'est passé quelque chose d'inattendu. Les psychologues ont mesuré une seconde fois la position des soldats vis-à-vis de la guerre. Et qu'ont-ils découvert ? Ceux qui avaient vu un film de propagande neuf semaines plus tôt manifestaient désormais une sympathie beaucoup plus grande à l'égard de la guerre que ceux qui n'en avaient pas vu. À l'évidence, la propagande fonctionnait quand même !

Les scientifiques étaient devant une énigme. Surtout parce qu'à l'époque on savait déjà que la force d'un argument s'affaiblit avec le temps. Elle se désintègre comme une substance radioactive. Vous l'avez certainement vécu vous-même : vous lisez un article, par exemple sur les avantages de la thérapie génique. Aussitôt après, vous êtes d'un enthousiasme débordant. Mais au bout de quelques semaines, vous ne savez plus très bien pourquoi. Et encore quelques semaines plus tard, il ne reste plus rien de votre enthousiasme initial.

En matière de propagande, c'est exactement l'inverse, aussi surprenant que cela puisse paraître. La force de conviction d'une propagande augmente avec le temps. Pourquoi ? Le psychologue Carl Hovland, qui a mené les études en question au nom du Département de la Défense américain, a baptisé cette énigme l'*effet d'assoupissement* (*sleeper effect* en anglais, une notion empruntée à l'espionnage). On parle également d' « influence sociale à retardement ». À l'heure actuelle, la meilleure explication de cet effet est la suivante : la connaissance de la source se désintègre plus vite que les arguments avancés. Autrement dit : le cerveau oublie relativement vite la provenance des informations (ministère de la Propagande), mais beaucoup moins vite les informations elles-mêmes (la guerre est utile et une bonne chose pour le pays). C'est la raison pour laquelle des informations issues d'une source peu crédible gagnent en crédibilité avec le temps. Le composant dépréciateur se dissout plus vite que le contenu du message ne s'oublie.

Aux États-Unis, une élection ne va pas sans spots publicitaires particulièrement acerbes dans lesquels les adversaires sont dénigrés. Mais à la fin de la diffusion des spots, il est indiqué clairement, et conformément à la loi, qui les a financés. Ainsi, tous les téléspectateurs savent pertinemment qu'il s'agit de propagande électorale. Simplement, de nombreuses études montrent que l'effet d'assoupissement, là encore, fait parfaitement son travail – notamment auprès des électeurs indécis. La source des données est oubliée, mais les arguments les plus agressifs sont durablement mémorisés.

Je me suis souvent demandé pourquoi la publicité fonctionnait. Tous les individus à peu près sensés devraient relativiser et déprécier aussitôt les messages publicitaires reconnaissables en tant que tels. Mais même vous, lecteur intelligent, n'y parvenez pas toujours. Il est fort possible qu'au bout de plusieurs semaines vous ne sachiez plus vraiment si votre information provient d'un article bien documenté ou d'un encart publicitaire qui se trouvait juste à côté.

Comment lutter contre l'effet d'assoupissement ? Premièrement : n'acceptez aucun conseil non sollicité, aussi bien intentionné soit-il. Vous vous protégerez ainsi de la manipulation, du moins en partie. Deuxièmement : tenez-vous le plus possible à l'écart de toute source contaminée par la publicité. Quelle chance que les livres ne contiennent pas (encore) de messages publicitaires ! Troisièmement : essayez de vous rappeler la source de tous les arguments que vous avez lus ou entendus. Qui dit cela ? Et pourquoi ? Procédez à la manière d'un enquêteur qui se pose la question suivante : À qui profite le crime ? C'est beaucoup de travail, certes, et votre pensée s'en trouvera ralentie. Mais elle y gagnera en pertinence.

POURQUOI VOUS ÊTES SOUVENT AVEUGLE À UNE MEILLEURE SOLUTION

La cécité aux alternatives

Vous feuilletez une brochure publicitaire destinée à susciter votre intérêt pour un programme de MBA. Votre regard vagabonde sur les photos du campus verdoyant et du complexe sportif ultramoderne. Partout, des étudiants de toutes nationalités et de tous pays se promènent, un grand sourire aux lèvres – un hymne au grand mélange ethnique (avec un accent particulier sur les jeunes femmes, les jeunes Chinois et les jeunes Indiens). À la dernière page figure un petit calcul destiné à vous montrer qu'un MBA constitue un investissement valable. Vous avez le coût du MBA, soit 100 000 euros, et en face, un revenu net jusqu'à la retraite de 400 000 euros de plus que si vous n'aviez pas de MBA. Un gain de 300 000 euros ! Génial, non ? Pas si vite. Vous courez le risque de tomber simultanément dans quatre pièges cognitifs. Premièrement : l'*illusion du corps du nageur* (expliquée dans mon précédent livre) signifie qu'un MBA attire des individus qui attachent beaucoup d'importance à leur carrière et qui auraient donc probablement obtenu des revenus supérieurs à ceux du reste de la population, même sans MBA.

Deuxièmement : un MBA dure deux ans et, durant cette période, vous devez compter avec un manque à gagner de 100 000 euros. Votre MBA ne coûte donc pas 100 000, mais 200 000 euros. Bien investie, cette somme peut vite dépasser le revenu supplémentaire qu'un MBA est censé vous apporter. Troisièmement : calculer des revenus sur trente ans est complètement idiot. Qui peut savoir à quoi ressemblera le monde dans trente ans ? Enfin : ne raisonnez pas en vous disant que c'est un MBA, ou rien. Vous pouvez peut-être envisager une autre formation qui vous coûterait beaucoup moins cher et vous ouvrirait d'aussi belles perspectives de carrière. C'est ce quatrième biais cognitif qui nous intéresse ici. Nous l'appellerons la *cécité aux alternatives* : nous oublions systématiquement de comparer une proposition à la deuxième meilleure possibilité.

Voici un exemple tiré du monde de la finance. Supposons que vous avez un peu d'argent sur votre compte d'épargne et demandez conseil à votre conseiller financier. Il vous propose un placement qui vous rapporte 5 % par an. « C'est beaucoup mieux qu'un compte d'épargne qui vous rapporte seulement 1 % », vous dit-il. Est-il judicieux d'effectuer ce placement ? Nous l'ignorons, car la comparaison avec le compte d'épargne est fausse. En réalité, vous devriez comparer ce placement avec l'ensemble des autres placements proposés et choisir le meilleur. C'est ce que fait Warren Buffett, le roi de l'investissement : « Chaque opération est évaluée par rapport à la seconde meilleure opération possible à un moment donné – même si cela signifie faire plus de ce que nous faisons déjà. »

Contrairement à Warren Buffett, les politiques sont assez souvent frappés de cécité aux alternatives. Supposons que la ville où vous habitez prévoit la construction d'un complexe sportif sur un terrain actuellement non bâti. Les partisans du projet soutiennent qu'un complexe sportif apportera beaucoup plus d'avantages à la population, tant sur le plan psychologique et émotionnel qu'au niveau des retombées financières, qu'un terrain vague. Mais la comparaison avec le terrain vague ne tient pas debout. En réalité, on devrait comparer le projet de complexe sportif avec toutes les autres possibilités qui ne verraient pas le jour si ce complexe sportif était construit – par exemple, la construction d'une école, d'un hôpital, d'un incinérateur, etc. –, y compris la vente du terrain et le placement en Bourse du produit de cette vente.

Et vous ? Êtes-vous aveugle aux alternatives ? Supposons que votre médecin vous découvre une tumeur qui vous emportera à coup sûr dans cinq ans. Il vous propose une opération complexe qui, si elle réussit, supprime complètement la tumeur, mais durant laquelle vous avez une chance sur deux de décéder. Comment prenez-vous votre décision ? Vous pesez le pour et le contre : une mort certaine dans cinq ans ou une chance sur deux de mourir la semaine prochaine. Cécité aux alternatives ! Peut-être existe-t-il une autre opération qui, certes, ne détruit pas entièrement la tumeur, mais comporte beaucoup moins de risques et porte votre espérance de vie à dix ans. Et qui sait ? Dans les années qui viennent, on inventera peut-être une nouvelle thérapie qui permettra de détruire la tumeur sans mettre en péril la survie du patient.

Moralité : si vous devez choisir entre la solution A et le *statu quo* (pas de MBA, un terrain vague, pas d'opération), vous avez tendance à comparer la solution A avec le *statu quo*. C'est une mauvaise démarche. Efforcez-vous toujours de comparer la solution A à des solutions B, C, D, E ou F. Ne laissez pas les autres vous faire gober n'importe quoi.

POURQUOI VOUS DITES DU MAL DES AMBITIEUX

Le biais de comparaison sociale

Lorsque l'un de mes livres caracolait en tête des ventes, mon éditeur m'a demandé un service. Le livre d'un collègue avait besoin d'un petit coup de pouce pour faire partie des dix best sellers du moment, et mon éditeur était convaincu qu'un témoignage de ma part pouvait le propulser dans ce *top ten*. Les témoignages sont des commentaires élogieux au dos d'un livre. Et je suis toujours étonné de constater qu'ils fonctionnent. Logiquement, seuls des commentaires positifs figurent au dos d'un ouvrage. Un lecteur rationnel devrait donc ignorer ces flatteries ou, du moins, les comparer aux mauvaises critiques (elles existent, mais il faut les chercher ailleurs). Toujours est-il que mon éditeur a insisté pour que j'écrive quelques mots bienveillants. J'ai hésité. Pourquoi devrais-je me faire du tort ? Pourquoi devrais-je aider quelqu'un qui ne tardera peut-être pas à me disputer la vedette ? J'ai souvent rédigé des témoignages en faveur d'autres livres, mais qui ne me faisaient pas concurrence. Cette fois, j'étais confronté au *biais de comparaison sociale*, une sorte de peur de la concurrence. Il s'agit de la tendance à refuser de recommander d'autres personnes susceptibles de vous prendre votre place – même si vous vous faites durablement mal voir par ce type de comportement.

Les témoignages au dos des livres sont un exemple inoffensif du biais de comparaison sociale. Il en va tout autrement dans le milieu scientifique où les chercheurs ne se font vraiment pas de cadeau. L'objectif de tout scientifique est de publier un maximum d'articles dans les revues spécialisées les plus réputées. Avec le temps, il se bâtit la renommée d'un expert et la rédaction ne tarde pas à lui demander de juger les articles de ses collègues. Ils ne sont souvent que deux ou trois experts à décider ce qui est publiable et ce qui ne l'est pas. Que se passe-t-il quand un jeune chercheur envoie un article d'un intérêt capital qui remet en question toute une spécialité et chasse de leur trône les grands pontes du domaine ? Victimes du biais de comparaison sociale, ces derniers n'hésitent pas à le descendre en flammes.

Le psychologue Stephen Garcia et son équipe décrivent le cas d'un récipiendaire du prix Nobel qui a empêché un jeune collègue très prometteur de solliciter un poste dans « son » université. Ce comportement peut se comprendre à court terme, mais il est déraisonnable à long terme. Le récipiendaire du prix Nobel risque simplement que le jeune talent rejoigne une autre équipe de chercheurs et y investisse ses capacités et son intelligence. Selon Garcia, le biais de comparaison sociale pourrait expliquer pourquoi une équipe de chercheurs a du mal à se maintenir au top pendant de nombreuses années.

Le biais de comparaison sociale constitue également l'une des plus grosses erreurs des start-up. Guy Kawasaki fut le premier « évangélisateur » des valeurs d'Apple pendant quatre ans. Il est aujourd'hui capital-risqueur et conseille des créateurs d'entreprise. Il dit : « Des joueurs A (de premier plan) embauchent des joueurs A+, c'est-à-dire des collaborateurs encore meilleurs qu'eux. En revanche, les joueurs B recrutent des joueurs C, c'est-à-dire des collaborateurs moins bons qu'eux, les joueurs C des joueurs D, encore moins bons qu'eux, les joueurs D des joueurs E, et ainsi de suite jusqu'à ce que l'entreprise, au bout de quelques années, ne soit plus constituée que de joueurs Z. » Alors un bon conseil : recrutez des candidats meilleurs que vous, sinon votre boîte sera bientôt pleine de losers. Car en vertu de l'*effet Dunning-Kruger*, les individus incompétents sont incapables de reconnaître l'ampleur de leur incompétence.

Lorsque Isaac Newton, alors âgé de 25 ans, a montré à son professeur, Isaac Barrow, les travaux de recherche auxquels il se livrait durant son temps libre – l'université de Cambridge est restée fermée pendant deux ans à cause de la grande peste de Londres (1665-1666) –, Barrow a démissionné de son poste pour y installer son élève. Immédiatement, sans hésiter une seule seconde. Depuis, quand a-t-on vu un professeur laisser sa chaire à un meilleur candidat ? Y a-t-il un PDG qui, récemment, ait démissionné de ses fonctions après s'être rendu compte que l'un de ses 20 000 collaborateurs ferait du meilleur travail que lui ? Aucun exemple ne me vient à l'esprit.

Moralité : soutenez les talents que vous jugez meilleurs que vous. Certes, à court terme, ils compromettent votre statut, mais à long terme vous ne pouvez qu'y gagner, car de toute façon vos poursuivants vous rattraperont et finiront par vous dépasser un jour ou l'autre. Alors vous avez tout intérêt à être en bons termes avec eux, voire à apprendre d'eux. C'est pourquoi j'ai finalement accepté d'écrire un témoignage à la demande de mon éditeur.

POURQUOI LA PREMIÈRE IMPRESSION N'EST PAS LA BONNE
L'effet de primauté et l'effet de récence

Laissez-moi vous présenter deux hommes, Alain et Jean. Dites-moi spontanément lequel des deux vous est le plus sympathique : Alain est intelligent, zélé, impulsif, critique, entêté et jaloux. Jean est jaloux, entêté, critique, impulsif, zélé et intelligent. Avec lequel préféreriez-vous rester coincé dans l'ascenseur ?

Si vous réagissez comme la plupart des gens, vous préférez Alain. Et cela, même si les descriptions sont identiques. Votre cerveau est plus fortement influencé par les premiers adjectifs que par les suivants, vous conduisant à penser que vous avez affaire à deux personnalités différentes. Alain est intelligent et zélé, alors que Jean est jaloux et entêté. Les deux premiers qualificatifs éclipsent tous les autres. C'est ce qu'on appelle l'*effet de primauté* : « C'est la première impression qui compte. »

Si l'effet de primauté n'existait pas, les sièges sociaux des entreprises ne se sentiraient pas obligés d'en jeter plein la vue avec des halls d'entrée aussi pompeux qu'inutiles – que leurs salariés arrivent au travail en baskets ou en chaussures vernies.

L'effet de primauté induit des erreurs de conduite. Le prix Nobel d'économie Daniel Kahneman décrit dans son dernier livre comment il notait les épreuves au début de sa carrière de professeur : comme la plupart des enseignants, c'est-à-dire à la suite. Il corrigeait d'abord toute la copie de l'étudiant 1, puis celle de l'étudiant 2, et ainsi de suite. Du coup, les étudiants qui avaient répondu correctement aux premières questions avaient déjà gagné sa sympathie, ce qui influençait sa notation des questions suivantes. C'est pourquoi Kahneman a changé de méthode. Il a pris l'habitude de noter d'abord la question 1 de l'ensemble des étudiants, puis la question 2, et ainsi de suite. Il éliminait ainsi l'effet de primauté.

Malheureusement, cette méthode n'est pas applicable partout. Si vous êtes chargé de recruter un nouveau collaborateur, vous courez le risque d'embaucher l'individu qui vous a donné la meilleure première impression. Dans l'idéal, vous devriez faire venir tous les candidats en même temps et les laisser répondre aux mêmes questions les uns après les autres.

Supposons que vous participez à une réunion du conseil de surveillance d'une entreprise et qu'une question sur laquelle vous n'avez encore aucun avis est soulevée par les autres participants. La première opinion que vous entendrez sera déterminante pour votre jugement global. Cela vaut aussi pour les autres participants – une situation dont vous pouvez tirer profit : si vous avez une idée sur la question, n'hésitez pas à être le premier à l'exprimer. Vous impressionnerez ainsi vos collègues et les gagnerez à votre cause. En revanche, si c'est vous qui présidez la séance, sollicitez les avis des participants à tour de rôle en les désignant au hasard – sinon, vous accordez une influence excessive à la personne à laquelle vous donnez la parole en premier à chaque tour de table.

L'effet de primauté n'est pas toujours en jeu. Il existe aussi un effet contraire appelé *effet de récence* (*recency effect*) selon lequel les individus se rappellent mieux les dernières informations enregistrées. Pourquoi ? Parce que notre mémoire à court terme possède une capacité de stockage extrêmement faible. Lorsqu'une nouvelle information entre, une ancienne doit sortir.

Quand prévaut l'effet de primauté ? Quand prévaut l'effet de récence ? Réponse : s'il faut agir aussitôt après une série d'impressions, c'est l'effet de primauté qui domine. Dans l'exemple d'Alain et de Jean, vous étiez obligé de me dire immédiatement lequel des deux vous préfériez. Mais si vos impressions remontent à un certain temps, c'est l'effet de récence qui prévaut. Si vous vous rappelez un discours que vous avez entendu il y a plusieurs semaines, vous vous souviendrez principalement de la conclusion ou de la chute.

Moralité : les impressions « du milieu » produisent un effet inférieur à la moyenne – que ce soit au milieu d'un discours, d'un argumentaire de vente ou d'un livre. Ne jugez pas les choses d'après votre première impression, car elle sera fausse, qu'elle soit positive ou négative. Essayez d'évaluer tous les aspects d'un individu, sans idées préconçues. Ce n'est pas facile, mais parfaitement possible dans certaines situations. Par exemple, lors d'un entretien d'embauche, je mets une note au candidat toutes les cinq minutes et je fais la moyenne à la fin. Cela me permet d'être sûr que l'impression « du milieu » compte autant que les première et dernière impressions.

© Groupe Eyrolles

POURQUOI VOUS N'AVEZ PAS L'INTUITION DE CE QUE VOUS IGNOREZ

L'effet de saignée

Un homme est conduit chez le médecin. Ce dernier lui ouvre l'artère de l'avant-bras et laisse jaillir le sang – un demi-litre. L'homme tombe en syncope. Le lendemain, il doit supporter cinq autres saignées. Au cours des trois dernières, le sang tarde à jaillir, alors le médecin pose un ballon rempli d'air chaud sur l'incision. L'air se refroidit, produit un vide et aspire le sang. L'homme est allongé sur le lit, à moitié mort, avec six entailles dans l'avant-bras. Le médecin pose des sangsues aux endroits les plus sensibles des entailles. Les bestioles se remplissent lentement de sang frais. Lorsqu'elles sont bien gorgées de sang et prêtes à exploser, il les remplace par d'autres. Au bout de trois mois, le patient rentre chez lui – s'il n'est pas mort entre-temps.

La pratique du coup de lancette était monnaie courante jusqu'à la fin du XIXe siècle. L'idée de la sangsue repose sur la théorie des quatre humeurs du corps. D'après cette théorie, toutes les maladies sont imputables à un déséquilibre entre les quatre humeurs – la bile, la bile noire, le flegme et le sang. Dans l'acné, l'asthme, le choléra, le diabète, l'épilepsie, la peste, l'attaque cérébrale, la tuberculose et des centaines d'autres maladies, le corps contiendrait trop de sang, d'où la pratique de la saignée. Dans les seules années 1830, la France a importé plus de 40 millions de sangsues. La théorie des quatre humeurs a dominé la médecine pendant plus de 2 000 ans. Aucune autre théorie scientifique n'a prédominé aussi longtemps, et ce alors qu'il s'agissait d'une vaste fumisterie. La plupart des patients allaient mieux sans saignées – et les médecins le savaient bien.

Pendant 2 000 ans, l'*establishment* médical s'est accroché à une théorie erronée – contre toute évidence. Pourquoi ? Aussi incroyable que cela puisse paraître, la théorie des quatre humeurs du corps est typique de toutes les théories qui traitent de systèmes complexes – l'être humain, la Bourse, les guerres, les villes, les écosystèmes, les entreprises. Nous n'abandonnons pas une théorie lorsqu'elle se révèle erronée, mais seulement quand une meilleure est en vue. C'est tout sauf rationnel, mais très répandu. Nous appellerons ce phénomène l'*effet de saignée*.

Dans la vie, nous nous retrouvons souvent entre deux jobs, deux lieux d'habitation ou deux relations amoureuses – mais jamais entre deux opinions. Si nous lâchons brutalement un avis, nous en adoptons aussitôt un autre. Nous sommes comme les hommes qui sont incapables de se passer de femme pendant une journée. À nos yeux, les opinions sont soit « vraies », soit « fausses ». L'ignorance consciente – savoir qu'on ne sait pas (encore) quelque chose – n'a pas de place dans notre façon de sentir les choses. Nous ignorons ce qu'est l'expérience sensible de ne pas savoir. C'est la raison pour laquelle nous sommes meilleurs pour découvrir une théorie que pour admettre notre ignorance. L'historien des sciences Thomas Kuhn l'avait parfaitement remarqué : « Les théories ne s'effondrent pas sous le poids de leurs propres erreurs. Elles ne s'effondrent que lorsqu'une autre théorie, apparemment meilleure, apparaît. »

Pourquoi cela est-il grave ? Parce qu'il arrive souvent que cette « meilleure » théorie n'existe pas encore. Alan Greenspan, le président de la Réserve fédérale américaine, a été vénéré comme un demi-dieu pendant des décennies. Mais à l'automne 2008, lors de l'implosion des marchés financiers, il est l'un des rares à avoir fait son autocritique. Il a déclaré devant une commission du Congrès : « Tout cet échafaudage intellectuel s'est effondré. » Le président de la commission lui a demandé : « Alors vous vous êtes rendu compte que votre vision du monde, votre modèle de pensée, ne tenait pas debout ? » Greenspan a répondu : « Exactement. » Il voulait parler de la théorie selon laquelle l'économie doit être pilotée par la masse monétaire. Malgré cela, les gouvernements du monde occidental ne veulent toujours pas démordre de cette théorie – avec toutes les conséquences sur les plans de la dette, des cours de la Bourse, du niveau de vie et de l'infla-tion. Et tout cela uniquement parce qu'il n'y a pas encore d'alternative en perspective – l'effet de saignée dans toute sa splendeur.

L'effet de saignée joue également un rôle dans votre vie personnelle. Si vous ne voulez pas vous vider de votre sang sur le plan intellectuel, reconsidérez régulièrement votre stra-tégie d'investissement, votre philosophie de l'existence et vos opinions sur vos semblables. Si les faits ne vont pas dans le sens de vos théories, abandonnez ces dernières sur-le-champ. Et, encore plus important : n'attendez pas d'avoir trouvé une « meilleure » théorie. Cela pourrait durer 2 000 ans.

POURQUOI LE « FAIT MAISON » EST MEILLEUR

Le syndrome du *Not Invented Here*

M es talents de cuisinier sont modestes, ma femme pourra vous le dire. Et pourtant, je réussis de temps en temps un plat « mangeable ». Il y a quelques semaines, j'ai acheté deux soles. Pour échapper à l'ennui des sauces qui accommodent traditionnellement le poisson, j'en ai inventé une – un mélange audacieux de vin blanc, de purée de pistaches, de miel, de zestes d'orange râpés et d'un filet de vinaigre balsamique. Ma femme a déposé l'une des soles cuites dans son assiette et passé un couteau dessus pour goûter la sauce avant d'esquisser un petit sourire d'excuse. Moi, je ne la trouvais pas mauvaise, cette sauce. Je lui ai expliqué en détail comment j'avais procédé pour mettre au point cette création révolutionnaire, mais cela n'a rien changé à l'expression de son visage.

Deux semaines plus tard nous mangions à nouveau des soles. Cette fois, c'est ma femme qui les a cuisinées. Elle avait préparé deux sauces – son roux classique, inratable, et « la création de l'un des meilleurs chefs français ». Cette dernière avait un goût infect. Après le repas elle m'a avoué qu'il ne s'agissait pas de la création d'un grand chef français, mais de ma propre création, celle que j'avais essayée deux semaines plus tôt. Elle voulait me tester et m'avait pris en flagrant délit de *syndrome du Not Invented Here* (*syndrome du NIH*), littéralement le « syndrome du pas inventé ici » – selon lequel on trouve mauvais tout ce qui n'est pas « fait maison ».

Le syndrome du NIH est la tendance à s'éprendre de ses propres idées. Cela ne vaut pas seulement pour les soles, mais pour toutes sortes de solutions, d'idées commerciales et d'inventions. Les entreprises ont tendance à juger les idées développées en interne meilleures et plus importantes que les solutions de prestataires ou de fournisseurs externes, même si, objectivement, ces dernières tiennent mieux la route. Récemment, j'ai déjeuné avec le gérant d'une société de logiciels spécialisée dans les caisses d'assurance-maladie. Il me racontait combien il lui était difficile de susciter l'intérêt des prospects à l'égard de son logiciel – objectivement le meilleur sur les plans de l'utilisation, de la sécurité et de la fonctionnalité. Il me disait que la plupart des assureurs étaient convaincus que le meilleur logiciel était justement celui qu'ils avaient développé eux-mêmes, en interne.

Lorsque des individus se rassemblent pour trouver des solutions qu'ils doivent eux-mêmes évaluer, ils ne peuvent échapper au syndrome du NIH. Chacun est persuadé que son idée est la meilleure. C'est pourquoi il est judicieux de diviser les équipes en deux groupes – un groupe qui génère des idées et l'autre qui les évalue, puis d'inverser les rôles.

Les idées commerciales que nous avons inventées nous-mêmes nous paraissent plus prometteuses que celles des autres. Le syndrome du NIH est responsable de la prospérité de certaines entreprises, mais aussi de la majorité des rendements misérables dégagés par les start-up.

Dans son livre *C'est (vraiment ?) moi qui décide*, le psychologue Dan Ariely décrit comment il a mesuré le syndrome du NIH. Dans le blogue du *New York Times*, il a demandé aux lecteurs de trouver des solutions à six problèmes. Par exemple : « Comment les villes peuvent-elles diminuer la consommation d'eau de leurs habitants sans les contraindre par la loi ? » Les lecteurs devaient non seulement faire des propositions, mais aussi juger l'applicabilité de leur propre réponse et des réponses des autres. Ils devaient également indiquer combien de temps libre et d'argent ils étaient prêts à investir dans la solution qu'ils proposaient. Mais petite contrainte : ils étaient obligés de formuler leur solution à partir d'une sélection de seulement 50 mots – le moyen le plus sûr d'obtenir des réponses plus ou moins identiques. Malgré tout, chacun avait tendance à juger sa solution plus intéressante et plus applicable que celles des autres (alors qu'elles étaient quasiment les mêmes).

Le syndrome du NIH peut avoir de graves répercussions au niveau social. Des solutions ingénieuses ne sont pas acceptées parce qu'elles proviennent d'une autre culture. Le fait que le canton suisse d'Appenzell Rhodes-Intérieures n'ait jamais voulu donner spontanément le droit de vote aux femmes (il a fallu une décision du Tribunal fédéral en 1990) illustre la force du syndrome du NIH. Autre exemple : nous parlons encore aujourd'hui de la « découverte de l'Amérique » par Christophe Colomb, alors que des hommes vivaient là-bas depuis déjà longtemps.

Moralité : nous nous laissons griser par nos propres idées. Pour retrouver toute votre lucidité, prenez de la distance avec vous-même et considérez la qualité de vos idées avec suffisamment de recul. Quelles idées vraiment géniales avez-vous eues ces dix dernières années ? Si vous êtes tout à fait objectif, vous peinerez à en trouver.

COMMENT VOUS POUVEZ METTRE À PROFIT L'IMPENSABLE
Le cygne noir

« Tous les cygnes sont blancs. » Cent pour cent des Européens étaient convaincus de la validité de cette affirmation. À chaque cygne blanc qu'ils apercevaient, cette vérité devenait de plus en plus incontestable à leurs yeux. Un cygne d'une autre couleur ? Impensable. Jusqu'en 1697, date à laquelle Willem de Vlamingh aperçut pour la première fois un cygne noir lors de son expédition en Australie. Depuis, le cygne noir est devenu le symbole de l'improbable.

Vous investissez en Bourse. Tout au long de l'année, vous voyez l'indice connaître de légères fluctuations. Vous vous habituez progressivement à ces petites variations pépères. Puis soudain c'est comme le 19 octobre 1987 et la Bourse chute de 22 %. Sans prévenir. C'est un *cygne noir* au sens de celui de Nassim Taleb. Depuis que l'ancien trader a écrit son livre éponyme en 2008, la notion circule dans les cercles d'investisseurs. Un cygne noir est un incident impensable qui exerce une influence énorme sur votre vie (vos finances, votre santé, un projet, etc.). Il existe des cygnes noirs positifs et négatifs. La météorite qui vous tombe dessus, la découverte de l'or en Californie, l'effondrement de l'Union soviétique, l'invention du transistor, la chute de Moubarak ou une rencontre qui chamboule complètement votre existence sont autant de cygnes noirs.

On peut penser ce qu'on veut de l'ancien ministre de la Défense américain Donald Rumsfeld. Toujours est-il qu'il a exprimé une pensée philosophique d'une clarté sans précédent à l'occasion d'une conférence de presse en 2002 : il y a des choses que nous savons (des « faits connus »), il y a des choses que nous savons que nous ignorons (« l'inconnu connu ») et il y a des choses que nous ne savons pas que nous ignorons (« l'inconnu inconnu »).

Quelle est la taille de l'Univers ? L'Iran possède-t-il la bombe atomique ? Internet nous rend-il plus intelligents ou plus bêtes ? Ce sont des choses que nous savons que nous ignorons. En y investissant suffisamment de moyens, nous pouvons au moins espérer savoir répondre un jour à ces questions. Il en va tout autrement des choses que nous ignorons que nous ignorons. Il y a dix ans, personne ne pouvait prévoir la *Facebookmania* actuelle. Il s'agissait d'un « inconnu inconnu » – ou justement d'un cygne noir.

Pourquoi les cygnes noirs sont-ils importants ? Parce qu'ils surviennent de plus en plus fréquemment, aussi paradoxal que cela puisse paraître. Certes, nous pouvons continuer à envisager l'avenir, mais les cygnes noirs réduisent de plus en plus souvent nos plans à néant. Les boucles de rétroaction et les influences non linéaires agissent de façon concomitante et engendrent des événements imprévus. Pourquoi ? Parce que l'organe de la pensée, à savoir le cerveau, est conçu pour une vie de chasseurs-cueilleurs. Jadis, à l'âge de pierre, vous n'étiez quasiment jamais confronté à des événements exceptionnels. La biche que vous chassiez était tantôt un peu plus rapide, tantôt un peu plus lente, tantôt un peu plus grasse, tantôt un peu plus maigre que la moyenne. Mais, globalement, tout ce qui existait tournait autour d'une valeur moyenne assez stable.

La situation actuelle est différente. Votre vie peut prendre une tournure totalement inattendue et vous apporter dix mille fois le revenu moyen. Demandez à Larry Page, à Roger Federer, à George Soros, à J. K. Rowling ou à Bono, le chanteur du groupe U2. Il n'y avait pas de riches aussi riches auparavant. Des déviations de cette ampleur étaient inconnues. Ce n'est que tout récemment dans l'histoire de l'humanité qu'elles ont été rendues possibles – d'où notre difficulté avec les scénarios extrêmes.

Parce que les probabilités ne peuvent pas être inférieures à zéro et que nos modèles de pensée sur le monde sont sujets aux bogues, comptez malgré tout sur une probabilité légèrement supérieure à zéro.

Moralité : évoluez de préférence dans des domaines où un cygne noir positif, aussi invraisemblable qu'il paraisse, peut vous emporter. Devenez artiste, inventeur ou entrepreneur et créez un produit multipliable. En revanche, ne vous attendez pas à un cygne noir si vous vendez votre temps (par exemple en tant que salarié, dentiste ou journaliste). Même s'il vous semble difficile d'y échapper, tenez-vous à distance des biotopes où surgissent des cygnes noirs négatifs. Concrètement : ne vous endettez pas, préférez les placements prudents et, en cas de réussite, ne vous habituez pas à un train de vie de ministre.

POURQUOI VOTRE SAVOIR N'EST PAS TRANSPOSABLE
La dépendance au domaine

Avoir écrit des livres sur les biais cognitifs apporte de nombreux avantages. Ainsi, des responsables économiques et des investisseurs me demandent de leur enseigner « l'art de bien penser » moyennant une rétribution fort généreuse. (D'ailleurs, il s'agit déjà en soi d'une erreur de jugement, car des livres leur coûteraient beaucoup moins cher.) Il m'est arrivé la chose suivante lors d'un congrès médical. Je faisais référence à l'*oubli de la fréquence de base* en illustrant ce biais cognitif par un exemple tiré de la médecine. Je leur disais que des douleurs cardiaques lancinantes chez un individu âgé d'une quarantaine d'années pouvaient être dues aussi bien à des problèmes cardiaques qu'au stress. Mais les cas de stress étant beaucoup plus fréquents (fréquence de base plus élevée), il est recommandé de rechercher d'abord l'existence d'un stress chez le patient. Une démarche parfaitement sensée que tous les médecins présents au congrès comprenaient spontanément. Et pourtant : lorsque j'ai utilisé un exemple analogue issu de l'économie, la plupart des médecins sont tombés dans le piège.

Même chose lorsque j'ai tenu un discours devant des investisseurs. Si j'illustrais mes biais cognitifs avec des exemples financiers, ils pigeaient aussitôt. Mais si je leur soumettais des exemples tirés de la biologie, beaucoup se faisaient avoir. Moralité : les connaissances sont difficilement transposables d'un domaine à l'autre. On appelle ce phénomène la *dépendance au domaine*. Le philosophe Nassim Taleb décrit la dépendance au domaine de la manière suivante : « Les joueurs d'échecs sont compétents pour résoudre des problèmes d'échecs. Et ça s'arrête là. Nous croyons pouvoir transposer des capacités, des aptitudes ou des compétences d'un domaine à un autre. Or, nous en sommes incapables. »

En 1990, Harry Markowitz reçut le prix Nobel d'économie pour sa théorie dite « du choix des portefeuilles », également appelée « théorie moderne du portefeuille ». Selon cette théorie, un portefeuille de titres doit avoir une composition optimale lui permettant de posséder une rentabilité maximale pour un niveau de risque minimal. Mais lorsqu'on interrogea Markowitz sur son propre portefeuille, c'est-à-dire sur sa manière de répartir ses économies en actions et en obligations, on découvrit qu'il se contentait d'opter pour le 50/50. Une moitié en actions, l'autre moitié en obligations. Le récipiendaire du prix Nobel était incapable d'appliquer sa méthode, ingénieuse et sophistiquée, à son propre cas. Un exemple flagrant de dépendance au domaine. Il ne parvenait pas à transférer son savoir universitaire dans sa vie personnelle.

J'ai un ami qui, dans les loisirs qu'il pratique, ne recule devant aucun risque : il gravit à mains nues les parois rocheuses les plus abruptes et saute en *wingsuit* (combinaison ailée) des plus hauts sommets. Récemment, il m'expliquait pourquoi il était dangereux de créer sa propre entreprise. « Une faillite n'est jamais à exclure », me disait-il. « Personnellement, je préfère la faillite à la mort », lui ai-je répondu. Il ne comprit pas ma logique.

En tant que romancier, je remarque moi-même à quel point il m'est difficile de transférer mes compétences vers un nouveau domaine. Je n'ai aucun mal à trouver des intrigues et des personnages. La page blanche ne me fait pas peur. Il en va tout autrement d'une habitation vide. Lorsqu'il s'agit de meubler un appartement ou une maison, je peux rester dans une pièce vide pendant des heures, les mains dans les poches, sans qu'aucune idée créative me vienne à l'esprit.

L'économie regorge de cas de dépendance au domaine. Un vendeur de produits de grande consommation particulièrement brillant est débauché par une entreprise de services informatiques. Or il réussit nettement moins bien dans son nouveau job. Pourquoi ? Parce qu'il est incapable d'appliquer ses compétences de vendeur de produits à la vente de services. Un excellent animateur de petits groupes est mis en échec devant des groupes de cent personnes. Un responsable marketing particulièrement inventif perd toute créativité stratégique en étant promu PDG.

L'exemple de Markowitz nous a montré combien le transfert du savoir du domaine professionnel au domaine privé était difficile. Je connais des PDG étonnamment charismatiques, mais complètement incolores dans leur cercle familial. Rares sont les professions à compter un nombre de fumeurs aussi élevé que celle des « prophètes de la santé » – je veux parler des médecins. Les agents de police sont deux fois plus violents avec leurs proches que les non-policiers. Les critiques littéraires écrivent les romans les plus médiocres. Et les thérapeutes de couple forment des couples plus fragiles que ceux de leurs patients.

Moralité : ce qu'on maîtrise avec talent dans un domaine est difficilement transposable à un autre. Cela vaut également pour ce qu'on apprend à l'école. Rappelez-vous le premier de la classe. Je parie que vous avez mieux réussi que lui dans la vie. Je me trompe ?

POURQUOI VOUS PENSEZ QUE LES AUTRES PENSENT COMME VOUS

L'effet de faux consensus

Quelle musique préférez-vous ? Celle des années 1960 ou celle des années 1980 ? À votre avis, quelle serait la réponse de la majorité de la population ? La plupart des individus ont tendance à généraliser leur opinion personnelle. Si vous préférez la musique des années 1960, vous partez automatiquement du principe que c'est aussi le cas de la majorité de vos contemporains. Et si vous préférez celle des années 1980, vous pensez tout autant que votre avis personnel est représentatif de celui de l'ensemble de la population. Nous avons tendance à surestimer le degré de concordance de nos points de vue avec ceux des autres. Nous croyons que les autres pensent et ressentent les choses comme nous. On appelle ce biais cognitif l'*effet de faux consensus*.

Le psychologue Lee Ross, de l'université de Stanford, est parvenu à cette conclusion en 1977. Il a fabriqué un panneau qui proclamait : « Mangez chez Joe » et demandé à des étudiants choisis au hasard de se promener sur le campus avec ce panneau dans le dos pendant une demi-heure. En même temps, ces étudiants devaient évaluer le nombre de leurs camarades prêts à accepter cette petite mission publicitaire. Ceux qui se sont déclarés prêts à porter ce panneau dans le dos sont partis du principe que la plupart (62 %) de leurs camarades accepteraient également. En revanche, ceux qui ont refusé ont supposé qu'une majorité (67 %) de leurs camarades refuseraient d'être assez idiots pour se transformer en hommes sandwichs. Dans les deux cas, les étudiants se croyaient à l'unisson avec la majorité.

On trouve l'effet de faux consensus dans les groupes de pression et les groupuscules politiques qui surestiment systématiquement le caractère brûlant du thème qui les préoccupe. Il se manifeste, par exemple, dans l'estimation de la gravité du réchauffement climatique. Quel que soit votre point de vue sur la question, vous allez probablement croire que la majorité de la population le partage. Si les politiques se montrent convaincus d'être élus, il ne s'agit pas simplement d'un optimisme de circonstance. Ils surestiment systématiquement et involontairement leurs chances électorales. Et vous, en tant qu'électeur, vous surestimez de quelques points les chances de votre parti favori.

Les artistes sont encore plus à plaindre. Dans 99 % des cas, ils s'attendent à une réussite plus grande que celle qu'ils connaîtront au cours de leur vie. Par exemple, j'étais moi-même parfaitement convaincu que mon roman *Massimo Marini* allait être un succès retentissant. Je pensais qu'il était au moins aussi bon que les précédents qui s'étaient bien vendus. Malheureusement, le public n'était pas de mon avis et en a décidé autrement. Je m'étais fait des illusions sur moi-même : l'effet de faux consensus.

Bien sûr, l'économie n'est pas non plus à l'abri de ce type d'erreur de jugement. Ce n'est pas parce que le département R&D est convaincu par son produit que les consommateurs le seront également. Ce sont surtout les entreprises où les techniciens se sentent tout-puissants qui en font l'expérience. Les bidouilleurs géniaux tombent amoureux de leurs gadgets ultra sophistiqués ou de leurs appareils aux fonctionnalités illimitées et croient, à tort, que les consommateurs vont être séduits.

L'effet de faux consensus est intéressant à un autre égard. Nous avons tendance à qualifier de « pas tout à fait normaux » les gens qui ne sont pas de notre avis. L'expérience de Lee Ross l'a montré. Les étudiants disposés à porter le fameux panneau publicitaire dans le dos qualifiaient de « coincés dépourvus d'humour » ceux de leurs camarades qui refusaient. Et ces derniers n'hésitaient pas à taxer de « pauvres idiots » et d' « individus qui veulent toujours se faire remarquer » ceux qui acceptaient de porter les panneaux.

Peut-être ce biais cognitif vous fait-il penser à la *preuve sociale* décrite dans mon livre précédent ? L'effet de faux consensus et la preuve sociale sont-ils identiques ? Eh bien non. La preuve sociale est une pression collective inconsciente. Alors qu'il n'y a pas de pression en jeu dans l'effet de faux consensus, même si cet effet revêt une fonction sociale. D'ailleurs, c'est la raison pour laquelle l'évolution ne l'a pas éliminé. Notre cerveau n'est pas configuré pour reconnaître la vérité, mais pour laisser un maximum de descendants. L'individu qui, en vertu de l'effet de faux consensus, apparaissait courageux et convaincant, faisait forte impression, se débrouillait pour obtenir beaucoup plus de ressources que les autres et augmentait ainsi ses chances de transmettre ses gènes aux générations suivantes. Les sceptiques étaient des partenaires moins attrayants.

Moralité : partez du principe que votre point de vue sur les choses n'est pas partagé par tout le monde. Et plus encore : dites-vous que ceux qui pensent autrement ne sont pas des idiots. Ne soyez pas sceptique envers eux, mais d'abord envers vous-même.

POURQUOI VOUS ÊTES CONVAINCU D'AVOIR TOUJOURS EU RAISON
La falsification de l'histoire

Winston Smith, un employé de bureau de 39 ans, chétif et rêveur, travaille au ministère de la Vérité. Son travail consiste à réécrire de vieux articles de presse et de vieux documents pour les actualiser, c'est-à-dire les adapter à l'état actuel des connaissances. Sa mission est importante. La révision du passé crée l'illusion d'une infaillibilité totale et aide ainsi le gouvernement à assurer son pouvoir absolu. La *falsification de l'histoire*, comme dans le roman le plus célèbre de George Orwell, *1984*, est monnaie courante. Cela peut vous paraître effrayant, mais dans votre cerveau à vous aussi un petit Winston Smith est à l'œuvre. Pire : alors qu'il accomplit son travail contre son gré dans le roman de George Orwell et finit par se rebeller contre l'ordre établi, dans votre cerveau il exécute sa mission avec une efficacité optimale et en complète harmonie avec vos désirs et vos objectifs. Il revisite vos souvenirs avec une facilité, une légèreté, voire une élégance que vous ne remarquez même pas. Le petit Winston évacue avec un calme olympien et une fiabilité totale vos points de vue obsolètes et erronés. Ainsi, vous êtes convaincu d'avoir toujours eu raison.

En 1973, le politologue américain Gregory Markus a demandé à 3 000 individus d'exprimer leur opinion à l'égard de thèses politiques controversées (par exemple la légalisation des drogues) – du « Je suis du même avis » jusqu'au « Je suis d'un tout autre avis ». Dix ans plus tard, il a interrogé les mêmes personnes sur les mêmes thèmes. Il leur a également demandé d'indiquer l'opinion qu'elles avaient eue sur ces questions dix ans auparavant. Résultat : leurs points de vue inscrits dans la colonne « Ce que je pensais il y a dix ans » étaient quasiment identiques à leurs points de vue actuels – et très éloignés des opinions qu'elles avaient réellement en 1973.

En adaptant inconsciemment nos opinions passées à nos opinions actuelles, nous évitons les moments pénibles de confrontation avec notre faillibilité. Une stratégie bien agréable, car aussi endurcis que nous soyons, avouer nos erreurs est l'une des choses les plus difficiles sur le plan émotionnel. Surprenant. En réalité, nous devrions pousser un cri de joie à chaque fois que nous nous apercevons que nous nous étions fourvoyés. Nous devrions être contents de nous être débarrassés de ce point de vue erroné et d'avoir un tant soit peu progressé. Mais nous ne fonctionnons pas ainsi.

Vous vous dites peut-être : « Mais quand même, n'y a-t-il pas des souvenirs qui se sont gravés dans notre cerveau avec exactitude ? » Vous savez parfaitement où vous étiez le 11 septembre 2001 lorsque vous avez appris la terrible nouvelle, non ? Vous savez avec certitude avec qui vous avez parlé à ce moment-là et ce que vous avez éprouvé ? Vos souvenirs du 11 septembre sont exceptionnellement vivaces et précis – des souvenirs flash, comme les appellent les psychologues, aussi fidèles à la réalité qu'une photo ?

Absolument pas. Les souvenirs flash sont aussi altérés que les souvenirs dits « normaux ». Ils sont le fruit de reconstructions. Ulrich Neisser de l'Emory University à Atlanta a testé les souvenirs flash. Le lendemain de l'explosion de la navette spatiale Challenger en 1986, il a demandé à des étudiants d'écrire leurs impressions de la manière la plus détaillée possible sous la forme d'une rédaction. Trois ans plus tard, il leur a fait refaire le même exercice. Moins de 7 % des nouvelles rédactions coïncidaient avec les anciennes. 50 % étaient fausses sur deux tiers des points et 25 % n'étaient conformes sur aucun détail. Neisser a montré à une étudiante sa première version des faits en lui expliquant qu'elle ne correspondait pas à ce qu'elle avait écrit dans la seconde. Elle lui a répondu qu'elle reconnaissait son écriture mais qu'elle ne pouvait pas avoir écrit cela. Reste la question de savoir pourquoi les souvenirs flash nous semblent si fidèles à la réalité. Nous l'ignorons encore.

Moralité : vous vous rappelez comme si c'était hier le moment où vous avez rencontré votre partenaire pour la première fois, n'est-ce pas ? Alors partez du principe que la moitié de votre souvenir est faux. Dites-vous bien que tous vos souvenirs sont erronés, y compris les souvenirs flash qui nous semblent pourtant si précis. Les conséquences peuvent être sans gravité ou fatales. Pensez aux récits de témoins oculaires ou aux portraits-robots destinés à identifier des délinquants. Il est imprudent de s'y fier sans enquêtes complémentaires, même si le témoin soutient mordicus qu'il reconnaît le coupable.

POURQUOI VOUS VOUS IDENTIFIEZ À VOTRE ÉQUIPE DE FOOT

Le biais endogroupe/exogroupe

Lorsque j'étais petit garçon, les dimanches d'hiver se ressemblaient tous : la famille au grand complet était assise devant la télé pour regarder les compétitions de ski. Mes parents voulaient voir gagner l'équipe avec la croix suisse et ils voulaient que je veuille aussi la voir gagner. Je ne comprenais pas toute cette excitation. D'abord, pourquoi descendre une piste de montagne sur deux lattes de bois ? Pourquoi ne pas monter sur une piste en sautillant sur une seule jambe tout en jonglant avec trois boules de billard et, tous les 100 mètres d'altitude, lancer une pomme de pin le plus loin possible ? Ensuite, un centième de seconde de différence n'est pas une différence. Si l'on a tant soit peu de bon sens, on se dit que deux skieurs séparés par un centième de seconde vont aussi vite l'un que l'autre. Enfin, pourquoi devrais-je m'identifier justement avec les skieurs de l'équipe suisse ? Je n'ai aucun lien de parenté avec ces types. Je ne les connais pas. Je ne sais pas ce qu'ils lisent ni ce qu'ils pensent, et si j'habitais quelques mètres au-delà de la frontière suisse, je m'identifierais (ou serais censé m'identifier) avec une autre équipe. Je vous pose donc la question : l'identification – à une équipe sportive, une race, une entreprise ou un État – est-elle une erreur de jugement ?

Comme tout schéma comportemental, l'identification à un groupe s'est développée sur des milliers d'années au cours de l'évolution. Jadis, l'appartenance à un groupe était vitale et l'exclusion du groupe signifiait une mort certaine. Tout seul, il n'était guère possible de trouver suffisamment de nourriture ni de se protéger des attaques. Normalement, les groupes l'emportaient sur les individus.

Lorsque des individus isolés ont commencé à se rassembler, tout le monde a été obligé de suivre. Celui qui voulait se démarquer n'avait pas sa place dans le groupe ni dans le patrimoine génétique de l'espèce humaine. Par conséquent, rien d'étonnant à ce que nous soyons des individus grégaires. Tous nos ancêtres l'étaient.

La psychologie a étudié différents effets de groupe qu'elle a rassemblés sous le concept de *biais endogroupe/exogroupe*. On peut également parler de *biais de favoristime endogroupe/biais de discrimination exogroupe*.

Premièrement : des groupes peuvent se former sur la base de critères minimaux, voire assez banals. Dans le sport, le lieu de naissance suffit et, dans la vie économique, l'appartenance à l'entreprise – deux critères totalement aléatoires. Le psychologue britannique Henry Tajfel a réparti en plusieurs groupes des individus qui ne se connaissaient pas, en procédant à pile ou face. Ensuite, il a dit aux membres d'un groupe donné qu'ils devaient apprécier un style artistique dont ils n'avaient jamais entendu parler. Le résultat a été impressionnant : alors même a) que les individus ne se connaissaient pas, alors même b) qu'ils avaient été réunis au hasard et alors même c) qu'ils ne comprenaient rien à l'art, les membres du groupe en question se trouvaient beaucoup plus sympathiques que les individus des autres groupes.

Deuxièmement : les individus extérieurs à un groupe paraissent plus homogènes qu'ils ne sont en réalité. On appelle cela le *biais d'homogénéité de l'exogroupe*. Les stéréotypes et les préjugés sont imputables à ce biais. Avez-vous déjà remarqué que dans les films de science-fiction seuls les humains ont des cultures différentes, pas les extraterrestres ?

Troisièmement : puisque les groupes se constituent souvent sur la base de valeurs communes, les membres d'un groupe voient leurs propres opinions exagérément soutenues au sein de ce groupe. Cette déformation est dangereuse, notamment dans les entreprises. Le fameux risque de sclérose par la routine trouve son origine dans ce phénomène.

Que les membres d'une même famille se serrent les coudes est tout à fait compréhensible. Si vous partagez la moitié de vos gènes avec votre frère ou votre sœur, vous êtes naturellement intéressé à leur réussite biologique. Et cela nous amène au biais cognitif le plus stupide de tous : sacrifier sa vie pour un groupe formé de façon totalement arbitraire. On appelle aussi cela « partir à la guerre ». Ce n'est pas par hasard que le mot « patrie » suggère la parenté. Et ce n'est pas par hasard que l'objectif de toute armée est de souder ses soldats pour en faire des « frères ».

Moralité : les préjugés et l'aversion pour tout ce qui est étranger sont une réalité biologique. L'identification à un groupe déforme votre vision de la réalité. Si un jour vous êtes envoyé au front, désertez. Celui qui va au combat pour les autres n'est pas un modèle de courage, mais surtout d'idiotie.

POURQUOI VOUS PRÉFÉREZ LE RISQUE À L'INCERTITUDE

L'intolérance à l'ambiguïté

Prenez deux urnes. L'urne A contient 50 boules rouges et 50 boules noires. L'urne B renferme 100 boules également, certaines rouges, d'autres noires, mais vous ignorez la répartition exacte. Vous devez plonger votre main dans une urne – les yeux fermés, évidemment. Je vous offre 100 euros si vous tirez une boule rouge. Quelle urne choisissez-vous ? A ou B ? Si vous êtes comme la plupart des gens, vous décidez de plonger la main dans l'urne A.

Rejouons avec les mêmes urnes. Mais cette fois je vous offre 100 euros si vous tirez une boule noire. Quelle urne choisissez-vous ? Toujours l'urne A, je suppose. Mais c'est illogique ! La première fois, vous avez supposé que l'urne B contenait moins de 50 boules rouges (c'est-à-dire plus de 50 boules noires). Cette fois, vous devriez donc choisir l'urne B.

Pas de panique ! Vous n'êtes pas un cas isolé, bien au contraire. Ce biais cognitif a été baptisé le *paradoxe d'Ellsberg* – d'après Daniel Ellsberg, ancien psychologue à l'université d'Harvard (et considéré comme « l'homme qui a fait tomber le président Nixon » en ayant transmis à la presse des documents secrets du Pentagone). Le paradoxe d'Ellsberg ou l'*intolérance à l'ambiguïté* est une constatation empirique : nous préférons les probabilités connues aux probabilités inconnues.

À cet égard, il convient de bien faire la différence entre le risque et l'incertitude (ou l'ambiguïté). Dans le cas du risque, les probabilités sont connues et vous pouvez décider en conséquence si le risque est trop grand à vos yeux ou si vous acceptez de le prendre. Vous ne pouvez pas procéder de cette manière face à une incertitude. Les deux notions sont souvent confondues – comme le *cappuccino* et le *latte macchiato* –, mais avec des conséquences beaucoup plus graves. On peut prévoir le risque, pas l'incertitude. Il existe une science du risque (appelée statistique) vieille de trois siècles. Une armée de professeurs étudie le risque. En revanche, il n'existe pas un seul manuel sur l'incertitude. C'est la raison pour laquelle nous essayons de nous débarrasser de l'ambiguïté en voulant à tout prix l'inclure dans la catégorie des risques où elle est rarement à sa place. Voici deux exemples, l'un issu de la médecine (où l'incertitude peut être classée dans les risques) et l'autre tiré de l'économie (où l'incertitude ne peut pas être assimilée à un risque).

Il existe des milliards d'êtres humains. Leurs corps ne sont pas radicalement différents. Nous atteignons tous une taille similaire (personne ne mesure 100 mètres de haut) et un âge similaire (personne ne vit 10 000 ans ni seulement un millième de seconde). Nous avons tous deux yeux, quatre valvules cardiaques, etc. Une autre espèce nous jugerait homogènes – aussi homogènes que nous-mêmes jugeons les souris homogènes, par exemple. C'est la raison pour laquelle il existe de nombreux cas de maladies similaires. Par conséquent, il est raisonnable de dire : « Le risque que vous mourriez d'un cancer s'élève à 30 %. » En revanche, il est absurde de dire : « Il y a 30 % de chances pour que l'euro s'effondre dans les cinq prochaines années. » Pourquoi ? Parce que l'économie est le royaume de l'incertitude. Il n'existe pas des milliards de monnaies comparables, de l'histoire desquelles nous puissions tirer des probabilités. D'ailleurs, c'est aussi la différence entre une assurance-vie et un *credit default swap* – une assurance contre les défaillances de paiement. Dans le premier cas nous sommes dans le royaume calculable du risque, dans le second cas dans le royaume de l'incertitude. Cette confusion a engendré la crise financière de 2008. Si vous entendez des phrases du style : « Le risque d'hyperinflation s'élève à x % » ou « Le risque sur nos placements en actions représente y % », cela devrait vous mettre la puce à l'oreille et vous inciter à la plus grande vigilance.

Si vous ne voulez pas émettre de jugement précipité et erroné, vous devez être capable de supporter l'ambiguïté. Si vous n'y parvenez pas, vous ne pouvez malheureusement pas y faire grand-chose, car c'est l'amygdale qui joue un rôle décisif dans ce domaine. L'amygdale est une zone cérébrale de la taille d'une noisette située dans la partie centrale de la boîte crânienne. Selon sa configuration, vous supportez plus ou moins bien l'incertitude. Cela se voit notamment dans votre orientation politique : moins vous supportez l'incertitude, plus vous allez voter conservateur.

Toujours est-il que celui qui veut apprendre l'art de bien penser doit comprendre la différence entre risque et ambiguïté. Les domaines dans lesquels nous pouvons compter avec des probabilités connues et parfaitement claires sont extrêmement limités. Nous n'avons souvent pas d'autre choix que d'accepter une ambiguïté pénible. Alors apprenez à la supporter.

POURQUOI LE *STATU QUO,* C'EST SACRÉ
L'effet du choix par défaut

Mon regard errait, désespéré, sur la carte des vins. Irouléguy ? Hárslevelü ? Susumaniello ? Je ne suis guère connaisseur, mais là le sommelier cherchait visiblement à m'impressionner. Sur la dernière page, le soulagement : « Notre cuvée maison : Réserve du Patron, Bourgogne ». 52 euros. J'ai immédiatement commandé ce vin, car je ne risquais guère de me tromper.

Depuis un an je possède un iPhone qui me permet de régler tous les paramètres possibles et imaginables – depuis la sonnerie du téléphone jusqu'au fond d'écran en passant par le zoom de balayage et le volume sonore du bruit de fermeture de l'appareil photo. De combien d'options ai-je profité jusqu'à présent ? Vous l'avez deviné : d'aucune.

Je ne suis pas un complet abruti dans le domaine technologique, mais plutôt l'une des nombreuses victimes de l'*effet du choix par défaut*. Le réglage standard (ou par défaut) est si tentant, aussi confortable que le coussin le plus moelleux dans lequel nous nous laissons tomber. Comme moi devant la carte des vins et les paramètres de mon iPhone, la plupart des gens préfèrent le choix par défaut. Par exemple, les catalogues et les spots publicitaires destinés à promouvoir une nouvelle voiture la présentent souvent dans une couleur par défaut – un gris anthracite. Le nombre d'acheteurs qui choisissent cette couleur est largement supérieur à la moyenne.

L'économiste Richard H. Thaler et le juriste R. Cass Sunstein ont montré dans leur livre *Nudge : La méthode douce pour inspirer la bonne décision* comment un gouvernement peut manipuler ses citoyens sans les restreindre dans leur liberté de manière anticonstitutionnelle. Il leur laisse le choix entre différentes possibilités, mais en fixant un choix par défaut au cas où l'individu ne se déciderait pas. C'est ainsi que les États du New Jersey et de la Pennsylvanie ont proposé à leurs citoyens le choix entre deux assurances auto. L'une était plus abordable, mais à condition de renoncer à certains droits à réparation en cas d'accident. Dans le New Jersey, la plupart des citoyens ont opté pour l'assurance la moins chère qui était celle par défaut. En revanche, en Pennsylvanie, on a suggéré de choisir l'option la plus chère, et cette dernière a rapidement rencontré davantage de succès. Surprenant, car les conducteurs de ces deux États ne peuvent pas être si différents.

Les scientifiques Eric Johnson et Dan Goldstein ont demandé à des personnes si elles voulaient être dispensées du don d'organe en cas de décès (le choix par défaut étant le don d'organe) au lieu de leur demander si elles étaient disposées à faire un don d'organe (le choix par défaut étant le refus). Il suffisait de changer l'option standard pour augmenter le nombre de donateurs de 40 % à plus de 80 % des personnes interrogées.

Cet effet peut se constater même quand aucun choix par défaut n'est imposé. Nous n'avons aucun mal à faire de notre passé un choix par défaut personnel et à considérer que le *statu quo* est sacré. Les individus aiment ce qu'ils connaissent. Mis devant le choix de tester quelque chose de nouveau ou de nous en tenir à de l'ancien, nous sommes, en général, ultraconservateurs, même si un changement nous serait profitable. Exemple : ma banque me prélève 60 francs suisses par an pour m'envoyer mes relevés de compte. Une somme dont je pourrais faire l'économie si j'acceptais de recevoir mes relevés par voie électronique. Pourtant, bien que ce service payant (et qui consomme du papier) m'énerve depuis des années, je n'ai pas pu me résoudre à le résilier jusqu'à présent.

D'où provient le *biais du statu quo*, un aspect particulier de l'effet du choix par défaut ? Certes, le choix par défaut est particulièrement confortable, mais notre *aversion pour la perte* (un biais abordé dans mon précédent livre) joue également un rôle. Rappelez-vous : perdre nous rend deux fois plus mécontents que gagner nous rend heureux. C'est pourquoi il est si difficile, par exemple, de renégocier des contrats existants, qu'ils soient privés ou entre États. Toute concession à laquelle je me résous est une perte. En contrepartie, la partie adverse fait des concessions qui sont mes gains. Mais comme les pertes pèsent deux fois plus lourd que les gains, toute renégociation d'un contrat est ressentie comme une perte nette.

Qu'il s'agisse de l'effet du choix par défaut ou du biais du *statu quo*, il faut souligner que nous avons très tendance à nous accrocher à ce qui existe, même si c'est à notre détriment. « Mouais, il va certainement encore développer son bouquet dans le verre », a déclaré mon invité en goûtant la Réserve du Patron. En l'entendant, je me dis qu'il était loin d'être convaincu par mon choix par défaut.

POURQUOI VOUS DIRE QUE C'EST VOTRE DERNIÈRE CHANCE VOUS FAIT PERDRE LE NORD
La peur des regrets

Deux histoires. Paul détient des actions de la société A. Au cours de l'année, il se demande s'il ne va pas les vendre pour acheter des actions de la société B. Mais il ne fait rien. Aujourd'hui, il est clair que s'il avait été au bout de son idée il aurait gagné 1 200 dollars supplémentaires. Seconde histoire : Michel détient des actions de la société B. Au cours de l'année, il les vend pour acheter des actions de la société A. Aujourd'hui, il est clair qu'il aurait 1 200 dollars de plus s'il avait conservé ses autres actions. Lequel des deux hommes éprouve le plus de regrets ?

Les regrets sont le sentiment d'avoir pris une mauvaise décision. Et l'on voudrait une seconde chance. Alors, qui de Paul ou de Michel regrette le plus? Les sondages livrent un résultat sans équivoque : 8 % des personnes interrogées ont répondu Paul, alors qu'elles sont 92 % à avoir répondu Michel. Pourquoi cette différence ? Objectivement, les deux situations sont identiques. Paul comme Michel ont malheureusement misé sur la mauvaise action. La seule différence est la suivante : Paul détenait déjà des actions de la société A, alors que Michel a voulu en acheter. Paul était passif, Michel actif. Paul correspond au cas classique – la plupart des gens laissent leur argent où il est pendant des années. Michel est donc une exception. Manifestement, c'est celui qui ne fait pas comme les autres, et dont le comportement ne correspond pas à celui de la majorité, qui éprouve le plus de regrets.

S'abstenir d'agir peut aussi parfois être l'exception à la règle. Exemple : un vénérable éditeur est le seul à refuser de céder à la tendance actuelle qui consiste à publier des livres électroniques. À ses yeux, un livre est en papier, un point c'est tout, et il entend rester fidèle à cette tradition. Peu de temps après, dix maisons d'édition font faillite. Parmi elles, neuf s'étaient essayées, visiblement sans succès, à la stratégie du livre électronique, et seule la dixième (dirigée par notre résistant) avait continué d'imprimer ses ouvrages sur papier. Qui va regretter le plus ses décisions ? Qui va le plus inspirer la pitié ? Oui, l'opposant stoïque au livre électronique.

Encore un exemple tiré du dernier livre de Daniel Kahneman *Système 1, système 2 : Les deux vitesses de la pensée* : après chaque crash d'avion, nous entendons l'histoire d'un pauvre malheureux qui, au départ, voulait voyager la veille ou le lendemain, mais qui, pour une raison quelconque, a modifié sa réservation à la dernière minute. Ici aussi cet individu est l'exception à la règle, ce qui explique pourquoi nous éprouvons davantage de pitié à son égard qu'envers les nombreux « cas classiques » qui, dès le début, avaient misé sur le mauvais cheval.

Cette *peur des regrets* nous pousse de temps en temps à agir de manière irrationnelle. Pour éviter d'être torturés à l'avenir par les regrets, nous avons tendance à opter pour un comportement conventionnel et à suivre plus ou moins le troupeau. Nul n'est à l'abri, pas même les traders. Les statistiques le montrent : en prévision du 31 décembre, date à laquelle on calcule leurs performances annuelles et donc le montant de leur prime, les traders ont tendance à vendre leurs titres les plus « exotiques » et à se fondre dans la masse des investisseurs. Dans un autre registre, la peur des regrets vous empêche de vous débarrasser de choses dont vous n'avez plus besoin. Vous redoutez d'éprouver un sentiment de malaise en jetant de vieilles tennis usées... dont vous pourriez avoir encore besoin, sait-on jamais ?

La peur des regrets devient vraiment stupide lorsqu'elle se combine au concept de « dernière chance ». Dans une brochure publicitaire pour un safari, on peut lire : « C'est votre dernière chance d'apercevoir un rhinocéros avant l'extinction de l'espèce. » Si, jusqu'à présent dans notre vie, nous n'avons pas jugé important d'apercevoir un rhinocéros, pourquoi voudrions-nous en voir un maintenant ? C'est idiot.

Supposons que vous rêvez depuis longtemps d'une maison individuelle. Les terrains à bâtir se font rares. Il ne reste plus qu'une poignée de parcelles avec vue sur la mer. Plus que trois, plus que deux, plus qu'une. Vous vous dites, l'espace d'un instant : « C'est ma dernière chance, je dois la saisir ! » et vous achetez ce terrain à un prix exorbitant. La peur des regrets vous a fait oublier qu'il y aura toujours sur le marché des terrains avec vue sur la mer. Le commerce des biens immobiliers avec vue sur la mer ne s'arrête pas fortuitement aujourd'hui. Les occasions « de la dernière chance » nous font perdre la tête et la peur des regrets peut nous chambouler la vie – parfois de manière tragique. Je connais des femmes qui, à la quarantaine, se sont dépêchées de se faire faire « l'enfant de la dernière chance » à l'occasion d'une rencontre fugitive – et qui l'ont payé cher par la suite.

POURQUOI CE QUI SAUTE AUX YEUX N'EST PAS LE PLUS IMPORTANT

L'effet de saillance

Supposons que le thème de la marijuana fait la une des médias depuis des mois. La télévision brosse le portrait de fumeurs de pétards, de cultivateurs de chanvre indien et de dealers. La presse à sensation montre des photos de jeunes filles de douze ans qui fument des joints. Des journaux réputés pour leur sérieux déroulent l'histoire médicale de la drogue et apportent un éclairage sur les aspects sociaux, voire philosophiques de cette substance. Le mot « marijuana » est sur toutes les lèvres. En même temps, supposons que la consommation de marijuana n'influence aucunement le comportement au volant des automobilistes. N'importe qui peut provoquer un accident et, de temps en temps, c'est un automobiliste qui avoue fumer des joints occasionnellement. Un pur hasard.

Marc est journaliste pour la presse locale. Ce soir-là, il passe par hasard devant un endroit où vient de se produire un accident de voiture. Un véhicule s'est fracassé contre un arbre. Parce qu'il entretient de bonnes relations avec la police locale depuis des années, Marc apprend que de la marijuana a été découverte sur la banquette arrière de la voiture accidentée. Il se dépêche de se rendre au siège de sa rédaction et pond ce gros titre : « Loi des séries : la marijuana fait une nouvelle victime chez les automobilistes ! »

Au vu des hypothèses avancées, ce titre racoleur est tout à fait injustifié. Marc est victime de l'*effet de saillance*. La saillance désigne une caractéristique frappante, un attribut marquant, une particularité, quelque chose qui saute aux yeux. En vertu de l'effet de saillance, un signe particulier attire beaucoup plus l'attention qu'il ne le mérite en réalité. Comme nous l'avons dit dans le premier paragraphe, nous supposons ici que le rapport statistique entre la marijuana et les accidents automobiles est nul. Mais parce que la marijuana est la caractéristique saillante de cet accident, Marc croit qu'elle est responsable de la mort du conducteur.

Quelques années plus tard, Marc est promu journaliste économique. L'une des plus grosses entreprises de la planète vient de promouvoir une femme au poste de PDG. Une nouvelle de taille ! Marc ouvre son ordinateur portable et se met à écrire un commentaire particulièrement « intelligent » : selon lui, la femme en question a obtenu une promotion justement parce qu'elle est une femme. En vérité, sa promotion n'a vraisemblablement rien à voir avec son sexe – d'autant que la plupart des plus hautes fonctions sont occupées par des hommes. S'il était si capital d'avoir des femmes aux postes les plus élevés, d'autres entreprises s'en seraient aperçu. Dans cette histoire, le sexe est simplement la caractéristique saillante à laquelle on attribue une force explicative particulière.

Les journalistes ne sont pas les seuls à tomber dans le piège de l'effet de saillance – tout un chacun est concerné. Attaque d'une banque. Les deux malfaiteurs sont arrêtés. Il s'avère qu'ils sont nigériens. Bien que les hold-up ne soient pas corrélés à une population particulière, l'effet de saillance déforme notre pensée. Encore des étrangers, pensons-nous. Un viol commis par un Bosniaque est imputé au fait que ce type soit bosniaque et non à d'autres facteurs également présents chez les Suisses, les Allemands, les Français ou les Espagnols. C'est ainsi que les préjugés prennent racine. Nous avons du mal à garder en tête que la grande majorité des immigrés mènent une existence paisible et ne font jamais parler d'eux. En revanche, nous n'oublions pas les exceptions négatives – elles sont particulièrement saillantes. C'est pourquoi, à chaque fois qu'il s'agit d'immigrés, il nous vient toujours à l'esprit les événements les plus marquants.

L'effet de saillance est à l'œuvre, non seulement quand nous interprétons le passé, mais aussi quand nous prédisons l'avenir. Le prix Nobel d'économie Daniel Kahneman et son collègue Amos Tversky ont découvert que nous avons tendance à surpondérer des informations saillantes en établissant des pronostics. C'est ce qui explique pourquoi les investisseurs réagissent plus fortement à des nouvelles fracassantes (par exemple le renvoi d'un PDG) qu'à des informations moins saillantes (par exemple l'augmentation régulière des profits d'une entreprise depuis plusieurs années). Les analystes financiers ne sont pas à l'abri de l'effet de saillance.

Moralité : les informations marquantes exercent une influence disproportionnée sur votre pensée et votre comportement. En revanche, vous ne prenez pas assez au sérieux les facteurs silencieux, cachés, qui évoluent lentement sans faire de vagues. Ne vous laissez pas aveugler par ce qui est trop visible. Un livre à la couverture rouge vif arrive en tête des ventes. Votre première impulsion sera d'attribuer son succès à sa couverture qui attire tous les regards. Réfrénez-vous. Rassemblez votre énergie mentale pour lutter contre les explications qui semblent l'évidence même.

POURQUOI FAIRE L'EXPÉRIENCE EST PLUS IMPORTANT QU'ÉTUDIER
L'illusion du savoir livresque

V oudriez-vous être opéré par un médecin qui a lu des milliers de livres de médecine mais n'a pas encore réalisé une seule opération, ou par un médecin qui n'a lu aucun livre de médecine mais a réalisé des milliers d'opérations ?

Combien d'objets présents dans votre salon sont le fruit d'un savoir livresque et combien ont été développés par essais et erreurs ?

Le PDG d'un groupe pharmaceutique me disait lors d'un dîner : « Je ne sais pas formuler ce qui se passe à l'intérieur de moi, mais quand j'arpente l'entreprise, je remarque aussitôt les services dans lesquels tout va comme sur des roulettes et ceux dans lesquels il y a quelque chose qui cloche. Quand j'embauche un collaborateur, je sais en l'espace de quelques secondes s'il va faire l'affaire ou non. Quand je traite avec des fournisseurs, je sais d'instinct lequel va essayer de se payer ma tête. Et quand je rachète une entreprise, les centaines de rapports des banques d'investissement me sont beaucoup moins utiles que d'aller faire un petit tour sur place. »

« Et où as-tu appris cela ? À Harvard ? »

Il secoua la tête : « J'ai observé quelques bons dirigeants que j'ai imités sur certains points. Et puis, au cours de ma carrière, j'ai naturellement commis des milliers d'erreurs, dont j'ai tiré les leçons. »

Il existe deux sortes de savoir : celui que nous pouvons formuler avec des mots, et l'autre. Et nous avons tendance à surestimer considérablement le savoir verbalisable.

Le 17 décembre 1903, après quatre ans de travail, les frères Wright réussissent le premier vol motorisé. Ils ont réalisé leur rêve, et le rêve de l'humanité tout entière, sans avoir étudié de rapports scientifiques au préalable. D'ailleurs, il n'en existait pas encore sur ce thème. Ce n'est que trente ans plus tard qu'une sorte de théorie de la construction aéronautique a vu le jour.

Dans les années 1950 Malcom McLean, transporteur routier américain, a eu l'idée de mettre au point des conteneurs pour le transport des marchandises. Au lieu que chaque paquet soit déchargé isolément d'un cargo et chargé ensuite dans un camion, tous les paquets ont été regroupés dans un seul conteneur et ce dernier a été chargé dans le camion. Grâce à ce génial inventeur, nous consommons aujourd'hui des produits du monde entier sans que le coût du transport importe vraiment. McLean n'a pas lu de livres sur le transport des marchandises en conteneurs avant de fonder son entreprise. De toute façon, il n'en existait pas à l'époque.

Qui a inventé le métier à tisser automatique ? La machine à vapeur ? L'automobile ? L'ampoule ? Pas un théoricien. Pas un laboratoire de recherche officiel. Rien que des passionnés de bricolage. Nous surestimons les intellectuels, les universitaires, les théoriciens, les écrivains et les chroniqueurs, et nous sous-estimons les praticiens et les manuels. Les idées, les produits et les compétences sont beaucoup plus le fruit d'essais et d'imitations que de lectures et de réflexions. Ce n'est pas en lisant des livres de natation que nous avons appris à nager. Ce n'est pas grâce aux économistes que nous avons une économie. Ce ne sont pas les chaires de sciences politiques qui maintiennent notre démocratie. Je partage le point de vue de Terence Kealey : ce ne sont pas les universités qui donnent naissance à une société prospère, mais les sociétés prospères qui entretiennent les universités parce qu'elles peuvent se le permettre. À cet égard, les universités ressemblent aux opéras.

Mais quel est au juste le problème du savoir formulé par les mots ? Premièrement : il est sans équivoque. Un texte est d'une clarté que nous ne trouvons pas dans la réalité. Résultat : lorsque nous prenons des décisions fondées sur un savoir livresque, nous avons tendance à prendre un risque excessif. Nous sommes dans une sécurité illusoire. Les décisions d'investissement fondées sur des modèles théoriques en sont le meilleur exemple. Elles expliquent en partie la crise bancaire.

Deuxièmement : les individus qui écrivent des livres (moi compris) ont un câblage cérébral différent de celui des personnes qui n'en écrivent pas. C'est pourquoi nous ne devrions pas considérer les textes comme une image représentative de la réalité du monde. Les non-écrivains imaginent-ils des histoires radicalement différentes de celles des écrivains ? C'est très probable. Nous ne le saurons jamais puisqu'ils n'en écrivent pas.

Troisièmement : les mots masquent les capacités. Celui qui sait s'exprimer améliore exagérément son prestige social. Celui qui s'exprime mal dans ses courriels et ses discours n'est pas favorisé. Ce n'est pas pour autant qu'il n'est pas doué. Bien au contraire.

Moralité : le savoir qui compte est d'ordre pratique. Abandonnez votre respect à l'égard du Verbe. Arrêtez de lire (juste après avoir lu ce livre) et faites quelque chose de vraiment intelligent.

POURQUOI L'ARGENT N'EST PAS NEUTRE

L'effet de l'argent de la maison

U ne journée d'automne venteuse au début des années 1980. Les feuilles, humides, tourbillonnaient sur le trottoir. Je m'efforçais de lutter contre le vent et de pousser mon vélo jusqu'à la butte où se trouvait mon lycée lorsque j'aperçus une drôle de feuille à mes pieds. Elle était grande et cuivrée, et en me penchant vers le sol, je vis qu'il s'agissait d'un billet de 500 francs suisses – un cadeau du ciel pour un lycéen.

À peine avais-je empoché le billet que je le dépensais pour m'acheter un vélo de luxe équipé de freins à disque et des changements de vitesse Shimano, l'un des meilleurs modèles du marché, alors que mon ancien vélo fonctionnait encore parfaitement.

Auparavant, il m'était déjà arrivé d'économiser quelques centaines de francs. Mais il ne me serait jamais venu à l'idée de dépenser cet argent épargné dans un vélo inutile. Je me payais de temps en temps une place de cinéma, mais c'était tout. Ce n'est qu'après avoir acheté le nec plus ultra des vélos que je me suis rendu compte à quel point mon comportement avait été irrationnel. L'argent, c'est de l'argent, non ? Toutes les formes d'argent se valent ? Eh bien non. L'être humain ne fonctionne pas ainsi. Nous ne portons pas le même regard sur notre argent selon la manière dont nous l'avons obtenu. L'argent n'est pas nu, mais porte des vêtements émotionnels.

Deux questions. Vous avez travaillé dur pendant un an. À la fin de l'année, vous avez 20 000 euros supplémentaires sur votre compte bancaire. Qu'en faites-vous ? a) Vous le laissez sur votre compte. b) Vous l'investissez. c) Vous l'utilisez pour des dépenses nécessaires, par exemple pour rénover votre vieille cuisine. d) Vous vous offrez une croisière de luxe. Choisissez. Si vous êtes comme la plupart des gens, vous optez pour l'une des solutions a, b ou c.

Deuxième question : vous avez gagné 20 000 euros au loto. Que faites-vous avec cet argent ? Considérez à nouveau les quatre possibilités ci-dessus. a, b, c ou d ? La plupart des gens choisissent à présent l'une des solutions c ou d. Et commettent naturellement une erreur de jugement car 20 000 euros sont 20 000 euros.

On observe un biais cognitif similaire au casino. Un ami à moi parie 1 000 euros à la roulette et perd tout. Lorsque je l'interroge, il me répond : « Je n'ai pas vraiment perdu 1 000 euros. C'étaient les 1 000 euros que j'avais gagnés précédemment. » Je ne peux m'empêcher d'ajouter : « C'est toujours 1 000 euros ! » Il me répond en riant : « Pas pour moi. »

Nous faisons moins cas de l'argent gagné au jeu, trouvé par hasard ou hérité que de l'argent gagné à la sueur de notre front. En réalité, nous le traitons de façon plus désinvolte et plus inconsidérée que l'argent obtenu par notre travail. L'économiste Richard Thaler a baptisé ce phénomène l'*effet de l'argent de la maison* (*house money effect*). Nous sommes davantage disposés à prendre des risques avec des gains réalisés en jouant ou en spéculant. C'est pourquoi les gagnants du loto sont souvent plus pauvres au bout de plusieurs années qu'avant d'avoir empoché la super cagnotte. D'ailleurs, le langage populaire connaît l'effet de l'argent de la maison : ne dit-on pas « argent vite gagné sera vite envolé » ?

Un proverbe allemand dit la même chose : « Ce qui vient de la flûte s'en va par le tambour. »

Richard Thaler a divisé ses étudiants en deux groupes. Il a dit au premier : « Vous venez de gagner 30 dollars et pouvez choisir de jouer à pile ou face – si c'est face vous gagnez neuf dollars, si c'est pile vous en perdez neuf. » 70 % des étudiants ont accepté de jouer à pile ou face. Le chercheur a dit au second groupe : « Vous n'avez rien gagné, mais vous devez choisir entre gagner 30 dollars à coup sûr et jouer à pile ou face – si c'est pile vous gagnez 21 dollars, si c'est face vous en gagnez 39. » Les étudiants de ce groupe se sont montrés beaucoup plus prudents. Ils n'ont été que 43 % à prendre le risque. Or, ne rien faire rapportait la même somme dans les deux cas, à savoir 30 dollars.

Les spécialistes du marketing connaissent la valeur de l'effet de l'argent de la maison. Des portails de paris en ligne vous « offrent » 100 dollars d'argent fictif si vous devenez membre. Aux États-Unis, les sociétés de cartes de crédit vous « offrent » un bonus de 100 dollars si vous remplissez le formulaire de demande. Les compagnies aériennes vous « offrent » plusieurs milliers de kilomètres si vous adhérez au Club Grands Voyageurs. Il y a même des sociétés de télécoms qui vous « offrent » un avoir téléphonique le jour de votre inscription, ce qui vous incite à passer des coups de fil supplémentaires et inutiles. Une grande partie de la culture des « bons d'achat » est fondée sur l'effet de l'argent de la maison.

Moralité : soyez prudent si vous gagnez de l'argent ou si des entreprises vous « offrent » quelque chose. Par pure excitation, vous risquez de ne pas tarder à en dépenser beaucoup plus. Je vous propose mieux : vous déshabillez cet argent en lui ôtant ses vêtements séduisants et vous le mettez dans une tenue de travail. Sur votre compte bancaire.

POURQUOI LES BONNES RÉSOLUTIONS DU NOUVEL AN NE FONCTIONNENT PAS

La procrastination

J'ai un ami écrivain, un type qui sait mieux que personne mettre ses émotions en phrases, bref un artiste de la langue. Cet ami écrit un petit livre d'à peine 100 pages tous les sept ans. Sa production ? Deux lignes par jour. Interrogé sur sa productivité dérisoire, il répond : « Faire des recherches est beaucoup plus agréable qu'écrire. » En effet, il surfe sur Internet pendant des heures ou se plonge dans les livres les plus hermétiques dans l'espoir de trouver la perle rare, de tomber sur une vieille histoire assez grandiose. Lorsqu'il a trouvé la scène qui convient, il se persuade qu'il ne sert à rien d'écrire tant que « l'ambiance adéquate » ne se met pas en place. Malheureusement, cette atmosphère idéale s'instaure de manière rarissime.

J'ai un autre ami qui, depuis dix ans et tous les jours, se promet d'arrêter de fumer. Chaque cigarette est sa dernière cigarette. Et moi ? Cela fait des semaines que ma déclaration d'impôts traîne sur mon bureau – comme si je nourrissais secrètement l'espoir qu'elle se remplisse toute seule.

Les scientifiques ont baptisé *procrastination* ou *report de l'action* cette tendance à remettre au lendemain des actions désagréables mais importantes : la séance hebdomadaire au club de fitness, la souscription d'une police d'assurance moins chère, l'écriture de cartes de remerciements. Les bonnes résolutions du premier de l'an n'y changent rien.

La procrastination est irrationnelle, car l'intention ne se concrétise pas toute seule. Et ce n'est pas comme si nous ne savions pas ce qui est bon pour nous. Pourquoi avons-nous cette fâcheuse manie de différer les choses importantes à faire ? Parce qu'il existe un fossé temporel entre l'investissement et le rendement. Et surmonter ce gouffre exige une force mentale impressionnante, comme l'a montré le psychologue Roy Baumeister dans le cadre d'une expérience particulièrement habile. Il a mis des étudiants devant un four d'où émanaient de délicieuses odeurs de cookies aux pépites de chocolat. Puis il a disposé devant le four un plat creux rempli de radis et expliqué aux étudiants qu'ils avaient le droit de manger autant de radis qu'ils voulaient. En revanche, il leur était strictement interdit de toucher aux cookies. Et il les a laissés seuls pendant une demi-heure. Les étudiants d'un second groupe témoin étaient autorisés à manger autant de cookies qu'ils voulaient. Au bout de trente minutes, les deux groupes d'étudiants devaient résoudre un problème mathématique assez ardu. Les étudiants qui n'avaient pas eu le droit de toucher aux cookies ont abandonné l'exercice deux fois plus vite que ceux qui avaient été autorisés à s'empiffrer. Leur autocontrôle leur avait pompé beaucoup d'énergie mentale, une volonté qui, à présent, leur faisait défaut pour résoudre le problème. La volonté fonctionne comme une batterie – du moins à court terme. Si l'énergie est consommée, elle manque pour relever les défis ultérieurs.

C'est une connaissance fondamentale. L'autocontrôle ne peut pas être maintenu vingt-quatre heures sur vingt-quatre. On a besoin de phases de détente, de moments où l'on se laisse porter par les événements et où l'on recharge ses batteries. C'est ce que je suis en train de faire.

La seconde condition importante pour échapper à la procrastination est d'avoir des stratégies ou des petites astuces qui nous empêchent de nous laisser trop porter par les événements. La suppression des distractions en fait partie. Lorsque j'écris un roman, je coupe ma connexion Internet. Car je sais que je serais trop tenté de surfer dès que la fatigue se ferait sentir. Se fixer – ou se voir fixer – des délais est l'une des meilleures stratégies. Le psychologue Dan Ariely a constaté que les délais fixés par une autorité extérieure – par exemple la date de remise d'un devoir scolaire ou d'une déclaration d'impôts – se révélaient les plus efficaces. Les délais qu'on se fixe soi-même ne fonctionnent que si la tâche à accomplir peut être divisée en plusieurs parties comportant chacune un délai parfaitement clair. Les bonnes résolutions du Nouvel An auxquelles ne sont pas attachés des sous-objectifs bien précis sont vouées à l'échec.

Moralité : la procrastination est irrationnelle, mais humaine. Pour la combattre, combinez différentes méthodes. Si ma voisine a rédigé sa thèse de doctorat en trois mois, c'est parce qu'elle a loué un minuscule studio sans téléphone ni connexion Internet. Elle s'est fixé trois délais pour les trois parties de sa thèse. Elle expliquait les objectifs qu'elle s'était fixés à qui voulait l'entendre, et elle est même allée jusqu'à les imprimer au dos de ses cartes de visite. C'est comme si elle transformait des délais personnels en délais publics, des délais imposés de l'intérieur en délais imposés de l'extérieur. Elle rechargeait ses batteries à la pause déjeuner et, le soir, en feuilletant des magazines de mode et en se couchant de bonne heure pour avoir son compte de sommeil.

POURQUOI VOUS AVEZ BESOIN DE RÉGNER DANS VOTRE PROPRE ROYAUME

Le piège de l'envie

Trois scénarios – lequel vous énerverait le plus ? a) Le revenu moyen de vos amis augmente, seul le vôtre reste stable. b) Le revenu moyen de vos amis reste stable, seul le vôtre diminue. c) Le revenu moyen de vos amis diminue, et le vôtre aussi. Vous avez choisi la réponse a) ? Rassurez-vous, vous n'êtes pas anormal – juste envieux, comme tout le monde, ou presque.

Une histoire russe : un paysan trouve une lampe magique. Il la touche et voit apparaître un génie qui lui garantit la réalisation d'un vœu. Le paysan réfléchit un moment. Finalement, il dit au génie : « Mon voisin possède une vache. Je n'ai pas de vache. Je voudrais que la vache de mon voisin tombe raide morte. »

Aussi absurde que cela puisse paraître, vous pouvez probablement vous identifier à ce paysan. De temps en temps, vous êtes dans une situation similaire. Votre collègue vient de toucher une prime conséquente, et pas vous, alors vous développez une émotion qui s'appelle l'*envie*. De cette envie découle toute une chaîne de comportements déraisonnables :

vous n'aidez plus votre collègue, vous sabotez ses projets, peut-être allez-vous même jusqu'à crever les pneus de sa Porsche. Et vous jubilez intérieurement lorsqu'il se casse la jambe aux sports d'hiver.

De toutes les émotions, l'envie est la plus stupide. Pourquoi ? Parce qu'elle est relativement facile à supprimer. Contrairement à la colère, à la tristesse ou à la peur. Comme le dit le célèbre investisseur Charlie Munger : « Vous préoccuper de savoir si quelqu'un gagne de l'argent plus vite que vous est l'un des péchés mortels. L'envie est un péché vraiment stupide, car c'est le seul qui ne procure aucun plaisir. Beaucoup de souffrance et pas le moindre plaisir. Pourquoi quelqu'un voudrait-il se faire autant de mal ? »

L'envie est suscitée par différentes choses – possession matérielle, statut social, santé, jeunesse, talent, popularité, beauté. On confond souvent l'envie avec la jalousie parce que les réactions physiologiques sont les mêmes. Mais il y a une différence : l'envie n'a besoin que de deux individus, alors que la jalousie en réclame trois (Pierre est jaloux de Luc parce que la jolie voisine sonne chez Luc et pas chez lui.)

Ce qui est amusant dans l'envie, c'est que nous envions surtout les individus qui nous ressemblent par l'âge, la profession et le style de vie. Nous n'envions pas les chefs d'entreprise du XIXe siècle, pas plus que les plantes ou les animaux. Nous n'envions pas le millionnaire qui vit de l'autre côté de la Terre – mais celui qui est dans notre voisinage. En tant qu'écrivain, je n'envie pas la réussite d'un musicien, d'un manager ou d'un dentiste, mais celle d'autres écrivains. Aristote le savait déjà : « Les potiers envient les potiers. »

Cela nous conduit à une erreur de conduite classique : supposons que votre réussite financière vous permet un jour de quitter les quartiers populaires de Marseille pour vous installer dans un quartier chic. Durant les premières semaines, vous savourez les magnifiques couchers de soleil sur le Vieux Port et l'impression que votre nouvelle adresse fait sur vos amis. Mais bientôt vous remarquez que vous êtes entouré de villas encore plus grandes et encore plus belles. Vous avez troqué votre ancien groupe de comparaison contre un groupe bien plus riche. Résultat : vous éprouvez de l'envie et un stress social.

Une fois que l'envie vous tient, elle ne vous lâche pas facilement. Mais vous pouvez l'écarter de votre chemin. Premièrement : cessez de vous comparer aux autres. Deuxièmement : trouvez votre « cercle de compétence » et soyez seul à l'occuper. Créez-vous votre niche et soyez-en le leader. Peu importe que votre cercle de compétence soit minuscule – l'important est que vous y régniez en maître.

Comme toutes les émotions, l'envie trouve son origine dans l'évolution de l'espèce humaine. Si l'un de nos ancêtres s'attribuait la plus grosse partie du butin, le perdant héritait forcément de la plus petite. L'envie motivait les hommes des cavernes à agir pour faire partie du camp des gagnants. Les chasseurs-cueilleurs dénués d'envie ne transmettaient pas leurs gènes aux générations suivantes et, dans le pire des cas, mouraient de faim, tandis que d'autres festoyaient à leurs dépens. Nous sommes les descendants des envieux qui ne sont pas morts de faim. Simplement, dans notre monde actuel, l'envie n'est plus vitale. Si mon voisin s'offre une Rolls, cela ne m'enlève rien à moi.

Lorsque je manifeste de temps en temps les symptômes de l'envie, ma femme me dit tranquillement : « Tu as le droit d'être envieux d'une seule chose – de ce que tu dois être, à tes yeux. »

POURQUOI VOUS PRÉFÉREZ LES ROMANS AUX STATISTIQUES
La personnification

Pendant dix-huit ans, il a été interdit aux médias américains de montrer des photos de soldats dans des cercueils. En février 2009, le ministre de la Défense Robert Gates a levé l'interdiction et les photos ont commencé à affluer sur la Toile. Officiellement, les proches parents doivent donner leur accord à la publication des photos, mais cette règle n'est pas respectée. D'ailleurs, pourquoi ces photos avaient-elles été interdites ? Pour « édulcorer » l'image de la guerre et de l'hécatombe humaine qui lui est associée. À combien d'êtres humains la guerre coûte-t-elle la vie ? Tout le monde peut le savoir en consultant des statistiques. Simplement, les statistiques nous laissent de marbre. Alors que les êtres humains, et notamment ceux qui sont morts, nous touchent profondément.

Pourquoi ? Parce que le groupe a toujours assuré la survie des individus. Au cours des cent derniers millénaires, nous avons donc développé un sens aigu de l'Autre, une capacité particulière à savoir ce qu'il pense et ressent. Les scientifiques appellent cela la « théorie de l'esprit ». Une petite expérience : je vous donne 100 euros. Vous devez partager cette somme avec un inconnu. C'est vous qui proposez le montant que vous souhaitez lui accorder. Si l'autre accepte votre proposition, l'argent est réparti selon votre désir et l'on n'en parle plus. Mais s'il refuse, vous devez me rendre les 100 euros et il y a deux perdants. Quelle somme allez-vous proposer à l'inconnu ?

Il paraît rationnel de lui proposer le moins d'argent possible, de l'ordre d'un euro – pour lui, c'est toujours mieux que rien. Lorsque les économistes ont commencé à tester ce « jeu de l'ultimatum » (c'est son nom scientifique) dans les années 1980, les volontaires ont manifesté un tout autre comportement : ils ont proposé entre 30 et 50 % à leur interlocuteur. Ils jugeaient « inéquitable » toute somme inférieure à 30 %. Le jeu de l'ultimatum illustre parfaitement la « théorie de l'esprit » : on éprouve de la compassion à l'égard de l'autre.

Mais il suffit d'apporter une modification minime au jeu de l'ultimatum – à savoir mettre les deux joueurs dans des pièces séparées – pour qu'il ne reste plus grand-chose de cette générosité initiale. Si vous ne pouvez pas voir votre interlocuteur et ne l'avez jamais rencontré auparavant, vous ne parvenez pas à vous mettre à sa place et à éprouver ce qu'il peut éprouver lui-même. Cet autre reste abstrait pour vous, c'est pourquoi vous lui proposez en moyenne moins de 20 % de la somme initiale.

Dans le cadre d'une autre expérience, le psychologue Paul Slovic a fait un appel aux dons. Il a montré à un premier groupe la photo de Rokia, un enfant originaire du Malawi, d'une maigreur effrayante et au regard implorant. Les gens ont donné en moyenne 2,50 dollars à l'organisation humanitaire. À un second groupe, le psychologue a montré des statistiques sur la faim au Malawi – plus de trois millions d'enfants sous-alimentés. Les gens ont donné deux fois moins. Étonnant, car normalement la générosité devrait encore augmenter une fois que le public connaît la véritable ampleur de la catastrophe. Eh bien non. Nous ne fonctionnons pas ainsi. Les statistiques ne nous font ni chaud ni froid, alors que nous sommes sensibles à nos semblables.

La presse écrite sait depuis longtemps qu'il est impossible de gagner des lecteurs rien qu'avec du texte et des diagrammes. Leur devise est donc la suivante : pas d'article sans nom, pas de nom sans visage ! S'il s'agit d'une action en Bourse, il faut mettre la photo du PDG de la société (avec un grand sourire si la tendance est haussière ou un air soucieux si elle est baissière). S'il s'agit d'un État, il faut mettre la photo de son président. S'il s'agit d'un tremblement de terre, il faut mettre une victime.

Cette obsession de l'humain explique le succès de l'une des inventions culturelles les plus importantes : le roman. Cette « *killer app* » littéraire relie des conflits interpersonnels et des conflits intérieurs au fil de quelques destins individuels. On aurait pu écrire une thèse sur les méthodes de torture de la Nouvelle-Angleterre puritaine, mais on préfère lire *La Lettre écarlate* de Nathaniel Hawthorne. Et la dépression des années 1930 ? Sur le plan statistique, une simple série de chiffres. Mais une saga familiale inoubliable avec *Les Raisins de la colère* de John Steinbeck.

Moralité : soyez prudent lorsqu'on vous sert des destins individuels. Si l'on vous sollicite, posez des questions sur la réalité des faits et les statistiques qui se cachent derrière. Le sort des individus ne vous laissera pas insensible, mais vous pourrez le replacer dans son contexte. En revanche, si c'est vous qui sollicitez les autres et voulez motiver, surprendre ou faire sortir les gens de leur léthargie, veillez à jouer sur la corde sensible – la corde de l'humain.

POURQUOI LES CRISES SONT RAREMENT DES OPPORTUNITÉS

L'illusion du « ce qui ne me tue pas me rend plus fort »

Lorsque j'ai rencontré Sandra il y a dix ans, elle débordait de joie de vivre. Une jeune femme ravissante et intelligente à côté de laquelle toutes les pensées théoriques paraissaient bien fades. Sandra s'est mariée – à un expert-comptable, ce qui en soi ne veut pas dire grand-chose. Deux ans plus tard elle était atteinte d'un cancer du sein de type 5, la forme la plus sévère. Pendant qu'elle subissait sa chimiothérapie, son mari la trompait. Sandra a sombré dans la dépression et, depuis, elle n'a jamais pu garder un emploi plus de six mois. Elle n'est plus aujourd'hui que l'ombre d'elle-même. Lorsque je lui ai récemment rendu visite – elle est maintenant divorcée et vit seule – elle m'a dit : « J'étais si près de la mort. Mais tu sais, ce qui ne me tue pas me rend plus forte. » Je n'avais jamais entendu une phrase qui me parût aussi fausse.

Martin est chef d'entreprise. Il fabrique des sacoches et des housses pour ordinateurs portables. Cinq ans après avoir créé sa société, il a vu surgir un concurrent qui lui a raflé toute sa clientèle. Les produits étaient comparables, mais le marketing de la société concurrente était bien meilleur. Martin a dû licencier la quasi-totalité de son personnel. La banque lui a retiré son crédit à court terme et il n'a pu rembourser les intérêts échus qu'en s'endettant personnellement. L'entreprise était à un doigt de la faillite. Aujourd'hui Martin remonte lentement la pente. « Nous avons beaucoup appris et sortons renforcés de la crise. » Renforcés ?

« Ce qui ne me tue pas me rend plus fort. » Cette phrase est de Nietzsche. Et elle est fausse. Pour une entreprise, traverser une crise ne renforce pas, mais affaiblit. Les clients s'en vont. Les médias se livrent à des commentaires sardoniques. Les meilleurs collaborateurs vont voir ailleurs. La trésorerie diminue comme peau de chagrin. Le crédit se renchérit. Le management se défile et prend congé. Pourtant, nous voulons y voir du positif. Du positif envers et contre tout.

D'où vient cette illusion ? Essayez de penser en termes de probabilités. Celui qui survit à une crise a simplement de la chance. Supposons que nous lançons 1 000 entreprises de fabrication de sacoches pour ordinateurs portables en pleine crise économique et que nous suivons de près leur évolution. À quoi ressemblerait la répartition statistique ? La plupart des entreprises feraient faillite, quelques-unes connaîtraient le *statu quo* et rares seraient celles qui prospéreraient. Du point de vue des survivants, on serait sorti renforcé de la crise. Mais c'est une illusion d'optique. Globalement, la crise est une crise et pas un processus de renforcement. On oublie facilement qu'on peut (ou qu'on aurait pu) aussi couler à l'occasion d'une crise.

Un ami à moi a eu un accident de moto. Cet accident l'a-t-il rendu plus fort ? Il a appris combien il est dangereux de rouler en moto et a vendu son engin. Bravo. Pour apprendre cela, il lui aurait suffi de jeter un œil aux statistiques. Il n'aurait pas eu besoin de flirter avec la mort. Beaucoup de gens disent : « La crise m'a fait du bien, maintenant je vis tout autrement. » D'accord, mais pourquoi ne pas s'être fait cette réflexion plus tôt ? Ces personnes auraient très bien pu avoir une prise de conscience auparavant (diminuer le stress dans leur vie, éprouver moins de cupidité, décider de suivre leur vocation, etc.). Il n'y a pas plus tragique, et je dirais même, pardonnez-moi, pas plus idiot que de passer par un accident, une maladie ou une faillite pour accéder à la connaissance. Si votre nouveau mode de vie fait sens pour vous aujourd'hui, pourquoi ne le faisait-il pas auparavant ? Vous n'en aviez pas conscience ? Alors cela s'appelle purement et simplement de la paresse d'esprit ou de l'inconséquence.

C'est une illusion de croire qu'un événement horrible nous fait du bien. Une maladie, même si elle est vécue comme une expérience, laisse des traces dans le corps. L'organisme n'est pas en meilleure santé qu'avant. *Idem* pour un accident ou un *burn-out*. Et combien de soldats reviennent « renforcés » de la guerre ? Celui qui a survécu à Fukushima ou à l'ouragan Katrina est-il « renforcé » pour l'avenir ? On a vécu une expérience. Mais au lieu de se consoler en se disant qu'on va profiter du prochain ouragan pour accélérer son développement personnel, il serait plus intelligent de quitter la zone dangereuse.

Moralité : si un PDG annonce que sa société est sortie renforcée de la crise, étudiez sa situation d'un peu plus près. Il se pourrait que ce soit le contraire. En ce qui concerne mon amie Sandra : je lui ai laissé ses illusions. Elles lui permettent de vivre plus agréablement que ne le ferait la vérité.

POURQUOI VOUS DEVRIEZ DE TEMPS EN TEMPS REGARDER SUR LE CÔTÉ

L'illusion d'attention

Après des pluies diluviennes dans le sud de l'Angleterre, le cours d'eau qui traverse le village de Luckington, près de Bristol, est sorti de son lit. La police a bloqué l'accès au gué – que les véhicules ont l'habitude de traverser – et signalé une déviation. La fermeture du gué a duré deux semaines et, chaque jour, au moins une voiture ne voyait pas le panneau de signalisation et plongeait tout droit dans les flots déchaînés. Les conducteurs étaient tellement concentrés sur leur GPS qu'ils ne voyaient pas ce qui était juste devant eux.

Dans les années 1990 Christopher Chabris et David Simons, deux psychologues de l'université d'Harvard, ont filmé deux équipes d'étudiantes qui se faisaient des passes avec un ballon de basket. Une équipe portait un T-shirt noir, l'autre un T-shirt blanc. Vous trouverez cette courte vidéo sur YouTube sous le titre *The Monkey Business Illusion*. Si vous avez accès à Internet, interrompez momentanément votre lecture et regardez cette vidéo.

On a demandé à des volontaires qui regardaient la vidéo de compter le nombre de passes entre les membres de l'équipe

© Groupe Eyrolles

en T-shirt blanc. Un événement absurde survient au beau milieu du film : un étudiant déguisé en gorille passe à travers les joueuses, se frappe la poitrine, puis s'éclipse. À la fin de la vidéo, on a demandé aux volontaires s'ils avaient remarqué quelque chose d'inhabituel, si, par hasard, ils n'avaient pas vu passer un gorille. La moitié a secoué la tête avec étonnement. Un gorille ? Quel gorille ?

Cette expérience du « gorille invisible » est devenue un classique de la psychologie cognitive et met en évidence ce qu'on appelle l'*illusion d'attention* : nous croyons ne rien rater de ce qui se déroule dans notre champ de vision. Alors qu'en réalité nous avons tendance à voir uniquement ce à quoi nous prêtons une attention soutenue – ici le comptage des passes de l'équipe au T-shirt blanc. Même si l'événement inattendu est aussi visible qu'un gorille.

L'illusion d'attention peut être dangereuse, par exemple lorsque vous téléphonez au volant. Dans la plupart des cas, tout se passe bien. Votre conversation téléphonique ne gêne en rien votre conduite – vous ne flirtez pas avec les lignes continues et vous freinez quand le conducteur de devant freine. Mais dès qu'un événement inattendu s'immisce brusquement dans votre routine – par exemple un enfant qui traverse la route en courant – il ne vous reste plus suffisamment d'attention pour réagir à temps. Des études montrent que téléphoner au volant diminue autant la vitesse de réaction que conduire en état d'ébriété. Que vous ayez votre portable à la main ou que vous utilisiez le kit mains libres, peu importe. Vous êtes incapable de réagir correctement à l'imprévu parce que votre attention est ailleurs.

Peut-être connaissez-vous l'expression anglaise *the elephant in the room*, littéralement « l'éléphant dans la pièce ». Un thème gros comme une maison, pour parler familièrement, mais que personne ne veut aborder. Une sorte de tabou. Pour faire le parallèle avec le sujet qui nous préoccupe ici, j'emploierai l'expression du « gorille dans la pièce » : un thème incontournable, d'une importance capitale, mais que personne ne perçoit.

Prenez le cas de Swissair : une entreprise tellement obnubilée par son expansion qu'elle n'a pas vu ses liquidités fondre comme neige au soleil. Ou la gestion défectueuse du bloc de l'Est qui a entraîné la chute du mur de Berlin. Ou les risques qui, en examinant les bilans des banques, devaient sauter aux yeux mais sont passés inaperçus jusqu'en 2007 avant de provoquer l'effondrement du système financier un an plus tard. Autant de gorilles qui nous sont passés sous le nez.

Je ne veux pas dire que nous ne remarquons jamais rien d'exceptionnel. Le problème, c'est que nous ne remarquons que les éléments surprenants qui, justement, nous sautent aux yeux, et que nous ne voyons pas les autres. Nous avons du mal à croire que notre attention est défectueuse. Ce qui nous donne l'illusion dangereuse de percevoir tout ce qui est important.

Par conséquent, débarrassez-vous de cette illusion d'attention. Confrontez-vous à tous les scénarios possibles et apparemment impossibles. Quel événement pourrait surgir inopinément ? Ne vous limitez pas au centre de votre champ de vision et demandez-vous ce qui peut se cacher à gauche, à droite ou derrière. De quoi ne parle-t-on pas ? Où est-ce étrangement calme ? Pensez l'impensable.

Moralité : aussi visible et caractéristique, aussi maousse et différent que soit un élément inattendu, il se peut que nous ne le voyions pas. Être un élément distinctif gros comme une maison ne suffit pas. Il faut être attendu.

POURQUOI LES BELLES PAROLES ET LES BEAUX PROJETS SONT CONVAINCANTS

Les fausses déclarations stratégiques

Supposons que vous postulez à l'emploi de vos rêves. Vous cherchez à ce que votre CV soit le plus valorisant possible. Lors de l'entretien d'embauche, vous soulignez vos succès, vos talents et vos capacités, et passez sous silence ce qui pourrait vous desservir. Lorsqu'on vous demande si vous seriez capable d'augmenter le chiffre d'affaires de 30 % tout en réduisant les coûts du même pourcentage, vous répondez d'une voix calme : « Vous pouvez compter sur moi. » Même si vous tremblez intérieurement et n'avez qu'une envie – partir ! –, vous mettez tout en œuvre pour décrocher ce poste. D'abord le poste, et vous réglerez les détails ensuite. Vous savez que si vous aviez donné des réponses à peu près réalistes, vous seriez hors course.

Supposons maintenant que vous êtes journaliste et que vous avez une idée de livre absolument géniale. Le sujet est sur toutes les lèvres. Vous trouvez un éditeur prêt à vous verser une avance très confortable. Mais il a besoin que vous vous engagiez sur une date. Il enlève ses lunettes et vous regarde : « Quand pensez-vous pouvoir me remettre le manuscrit ? Dans six mois ? » Vous manquez vous étrangler, car vous n'avez encore jamais écrit de livre en moins de trois ans. Mais vous répondez : « D'accord, vous pouvez compter sur moi. » Bien sûr, vous préféreriez ne pas raconter de bobards, mais vous savez que vous n'avez aucune chance d'être édité en disant la vérité. Une fois que vous aurez réussi à décrocher le contrat et que l'avance sera versée sur votre compte bancaire, vous pourrez toujours faire attendre un peu votre éditeur – avec une bonne « gestion des excuses ».

Dans le langage spécialisé, ce comportement a été baptisé *fausse déclaration stratégique*. Plus l'enjeu est important, plus vous forcez la dose. Les fausses déclarations stratégiques ne fonctionnent pas partout. Si votre ophtalmologiste vous promet cinq fois de suite de vous redonner une vue parfaite, mais que vous voyez de moins en moins bien après chacune de ses interventions, il va arriver un moment où vous ne le prendrez plus au sérieux. En revanche, si l'enjeu est unique, les fausses déclarations stratégiques en valent la peine – par exemple, lors d'un entretien d'embauche, comme nous l'avons vu précédemment. Une même société ne va pas vous embaucher plusieurs fois – mais une seule fois ou jamais.

Quels projets sont les plus sensibles aux fausses déclarations stratégiques ? a) Les projets colossaux dont personne ne porte la responsabilité (par exemple, parce que le gouvernement qui a commandé ce projet a été blackboulé aux dernières élections), b) les projets dans lesquels sont impliquées de nombreuses entreprises qui se renvoient la balle, enfin c) des projets dont l'achèvement est prévu au plus tôt dans quelques années.

Nul ne connaît mieux les grands projets que Bent Flyvbjerg, professeur à Oxford. Pourquoi les projets ambitieux induisent-ils presque toujours des coûts supplémentaires et des retards ? Parce que ce n'est pas le meilleur projet qui est financé, mais celui qui semble le meilleur sur le papier. Flyvbjerg appelle cela le « darwinisme inversé » : celui qui réussit le mieux à en mettre plein la vue est récompensé et décroche le projet. Les fausses déclarations stratégiques sont-elles des mensonges impudents ? Les femmes qui se mettent de la poudre sur le visage pour s'embellir mentent-elles ? Les hommes qui louent des Porsche pour montrer leur richesse mentent-ils ? Oui, mais nous négligeons systématiquement ces mensonges. Et tout aussi systématiquement les fausses déclarations stratégiques.

Dans de nombreux cas, les fausses déclarations straté-giques sont inoffensives. Mais elles peuvent être dangereuses lorsqu'elles s'appliquent à quelque chose de vraiment impor-tant – vos yeux ou vos futurs collaborateurs, par exemple.

Moralité : lorsque vous avez affaire à une personne (un candidat à un poste, un auteur, un ophtalmologiste), ne prêtez pas attention à ce qu'elle vous dit, mais à ce qu'elle a réalisé dans le passé. Et lorsqu'il s'agit de projets : considérez les échéances, les avantages et les coûts de projets compa-rables, et exigez qu'on vous justifie pourquoi le projet en question est beaucoup plus optimiste que les autres. Mon-trez-le à un spécialiste financier qui l'examinera à la loupe et sans pitié. Incluez une clause dans le contrat qui prévoit une lourde amende en cas de dépassement des coûts et des délais. Et, par mesure de précaution, prévoyez de vous faire virer l'amende sur un compte d'épargne.

POURQUOI VOUS DEVRIEZ PARFOIS ÉTEINDRE VOTRE CERVEAU

L'excès de pensée

Il était une fois un mille-pattes intelligent. Du coin de la table où il trottait, il pouvait voir une autre table sur laquelle se trouvait un tout petit grain de sucre. Malin comme il était, il se demandait s'il devait descendre par le pied gauche ou le pied droit de sa table et grimper sur le pied gauche ou le pied droit de l'autre table. Puis il a longuement réfléchi à la question de savoir par quelle patte il devait idéalement commencer à avancer, dans quel ordre il devait avancer les autres, et ainsi de suite. Il connaissait les mathématiques et savait calculer toutes les options possibles pour prendre la meilleure décision. Mais à force de réfléchir tout haut, il s'est empêtré dans toutes ses pattes, n'a pas réussi à avancer et a fini par mourir de faim.

British Open de golf 1999. Jusque-là, Jean Van de Velde avait joué brillamment. Le dernier jour, avec trois coups d'avance, il arrivait au dernier trou. Il pouvait jouer ce 18e trou même avec deux coups au-dessus du par et remporter la victoire. Une simple formalité. Son ascension au classement mondial n'était qu'une question de minutes. Mais lorsque

Van de Velde est arrivé au départ du 18ᵉ, la sueur a commencé à perler sur son front. Il a frappé comme un débutant. La balle a atterri dans les herbes hautes – à environ 200 mètres du trou. Van de Velde devenait de plus en plus nerveux. Les coups suivants n'ont guère été meilleurs. Il a lancé la balle une nouvelle fois dans les hautes herbes, puis dans l'eau, puis dans le sable. Les mouvements de son corps ressemblaient soudain à ceux d'un novice. Enfin, – au bout du septième coup – il fit entrer la balle dans le trou. Van de Velde a perdu le *British Open*. C'était la fin provisoire de sa carrière.

Dans son livre *Faire le bon choix : comment notre cerveau prend ses décisions*, Jonah Lehrer décrit le danger de l'*excès de pensée*. Dans les années 1980, la revue des consommateurs américains *Consumer Reports* a testé 45 confitures de fraises différentes sur des dégustateurs expérimentés. Quelques années plus tard, le professeur de psychologie Timothy Wilson a répété l'expérience avec ses étudiants. Résultats quasi identiques. Les étudiants ont préféré les mêmes confitures que les spécialistes. Mais ce n'était que la première partie de l'expérience. Il l'a réitérée avec un second groupe d'étudiants qui, contrairement au premier, devaient remplir un questionnaire les obligeant à justifier en détail leurs appréciations. Il en a résulté un classement complètement faussé. Les meilleures confitures recevaient les plus mauvaises notes !

Moralité : lorsqu'on réfléchit trop, on se coupe de son ressenti et du bon sens qui va avec. Car il faut savoir que les émotions naissent dans le cerveau, tout comme les idées rationnelles. Elles constituent simplement une autre forme de traitement de l'information – une forme plus primaire, plus archaïque, mais pas nécessairement plus mauvaise. Et même souvent meilleure.

Vous vous demandez certainement : quand doit-on réfléchir et quand doit-on écouter son instinct ? Voici une règle générale : s'il s'agit de capacités principalement motrices, maintes fois répétées et parfaitement maîtrisées (le mille-pattes, le golfeur), ou de questions auxquelles nous avons répondu des milliers de fois (Warren Buffett parle dans ce cas d'un « cercle de compétences »), alors il est préférable de s'abstenir de penser. La réflexion saboterait inutilement la réponse intuitive. Même chose pour les décisions auxquelles nos ancêtres de l'âge de pierre ont été confrontés : l'appréciation de la nourriture (bonne ou mauvaise, toxique ou comestible), le choix de nos amis ou la question de savoir à qui nous pouvons faire confiance. Pour ce genre de choses, nous avons des heuristiques (des raccourcis de pensée) bien supérieures à la pensée rationnelle. En revanche, dans des situations complexes auxquelles l'évolution ne nous a pas préparés (par exemple les décisions d'investissement), il est dans notre intérêt de réfléchir avec lucidité. Ici, la logique est meilleure conseillère que l'intuition.

À ce propos, le professeur de mathématiques Barry Mazur raconte cette histoire : « Depuis quelques années, je n'arrivais pas à me décider – est-ce que je devais quitter Stanford pour Harvard ou rester là où j'étais ? Je n'ai pas cessé de bassiner mes amis avec ce dilemme. Finalement, l'un d'entre eux m'a dit : "Tu es un expert dans le domaine de la théorie de la décision. Peut-être devrais-tu établir une liste de tous les avantages et inconvénients, les évaluer et calculer le bénéfice que tu peux en tirer." Sans réfléchir, je lui ai répondu : "Je t'en prie, Sandy, là c'est une affaire sérieuse !" »

POURQUOI VOUS PRÉVOYEZ BEAUCOUP TROP DE CHOSES
L'erreur de planification

C'est le matin. Vous établissez la liste des choses à faire dans la journée. Vous arrive-t-il souvent de la respecter à la lettre et d'accomplir toutes les tâches que vous vous êtes fixées ? À chaque fois ? Tous les deux jours ? Une fois par semaine ? Si vous fonctionnez comme la plupart des gens, vous arrivez à la fin de la journée en ayant pu réaliser tout ce que vous aviez prévu... une fois tous les vingt jours. Ce qui veut dire que vous prévoyez beaucoup trop de choses à faire. On vous pardonnerait si vous veniez d'arriver sur cette planète. Mais cela fait des années, voire des décennies, que vous dressez ce genre de listes. On peut donc légitimement supposer qu'à chaque nouveau matin qui se lève, vous surestimez votre capacité à accomplir un certain nombre de tâches. Ce n'est pas une constatation banale, car dans d'autres domaines vous tirez les leçons de vos expériences. Alors pourquoi cela ne marche-t-il pas quand vous faites des projets ? Même si vous savez que la plupart de vos prévisions étaient trop optimistes, c'est avec le plus grand sérieux que vous croyez qu'aujourd'hui vous êtes parfaitement et exceptionnellement réaliste. Daniel Kahneman appelle ce biais cognitif l'*erreur de planification*.

Des étudiants devaient rédiger un mémoire. Le psychologue canadien Roger Buehler et son équipe leur ont demandé d'indiquer à quelle date ils pensaient « raisonnablement » pouvoir rendre leur mémoire et de fixer une autre date au cas où « les choses se passeraient mal ». Résultat : seuls 30 % des étudiants ont tenu leur délai soi-disant réaliste. En moyenne, il leur a fallu presque deux fois plus de temps, et sept jours de plus que dans le pire des scénarios.

L'erreur de planification peut être de grande ampleur lorsque des individus doivent coopérer – en économie, en sciences ou en politique. Les avantages d'un projet sont surestimés, alors que le temps de travail, les coûts et les risques sont systématiquement sous-estimés. Le projet de l'Opéra de Sydney remonte à 1957. Coût estimé : 7 millions de dollars. Date prévue d'achèvement des travaux : 1963. En réalité, l'Opéra en forme de coquille a ouvert ses portes en 1973 et a coûté 102 millions de dollars, soit quatorze fois plus que prévu !

Pourquoi sommes-nous incapables de planifier correctement ? Première raison : nous avons tendance à nous faire des illusions et à prendre nos désirs pour des réalités. Nous voudrions réussir tout ce que nous prévoyons. Deuxième raison : nous nous focalisons trop sur le projet en question et occultons les facteurs extérieurs susceptibles de l'influencer. Dans son livre *Le Cygne noir*, Nassim Taleb décrit comment un casino de Las Vegas calculait parfaitement ses risques et ses bénéfices. Puis sont arrivés trois événements qui l'ont précipité au bord de la faillite. Le casino a perdu plus de 100 millions de dollars parce que, lors d'une représentation, une star a été attaquée par un tigre (Roy de « Siegfried & Roy »). Ensuite, un collaborateur a égaré des documents fiscaux et le casino a failli se voir retirer sa licence. Enfin, la fille du propriétaire a été kidnappée et son père a pioché dans les recettes pour payer la rançon. Naturellement, personne n'avait prévu ces trois catastrophes, mais ce sont justement les événements inattendus (pas forcément aussi dramatiques) qui réduisent certains de nos projets à néant. Il en va de même de nos tâches quotidiennes. Votre fille a avalé une arête de poisson. La batterie de votre voiture a rendu l'âme. Vous avez mis en vente votre maison et vous recevez une offre dont il faut discuter de toute urgence.

Essayer de prévoir avec une exactitude encore plus grande ? Serait-ce la solution ? Non. La planification pas à pas renforce encore l'erreur de planification. Pourquoi ? Parce qu'on est encore plus focalisé sur son projet et qu'on tient encore moins compte de l'imprévu.

Alors que faire ? Consultez le passé. Ne tournez pas votre regard vers vous-même et votre projet personnel, mais vers l'extérieur, vers des projets comparables. Si vous constatez que des plans similaires ont duré trois ans et englouti cinq millions, vous pouvez raisonnablement vous dire que le vôtre sera logé à la même enseigne, aussi exact que vous cherchiez à être dans vos prévisions. Et, très important, organisez une réunion « pré-mortem » juste avant de lancer votre projet. Le psychologue américain Gary Klein vous recommande de tenir ce petit discours devant votre équipe au grand complet : « Imaginez-vous réunis ici dans un an jour pour jour. Nous avons réalisé le projet tel qu'il est là, sur le papier. Le résultat est un désastre. Maintenant vous avez dix minutes pour rédiger une brève histoire de cette catastrophe. » Les histoires fictives vont vous montrer comment les choses risquent de se passer.

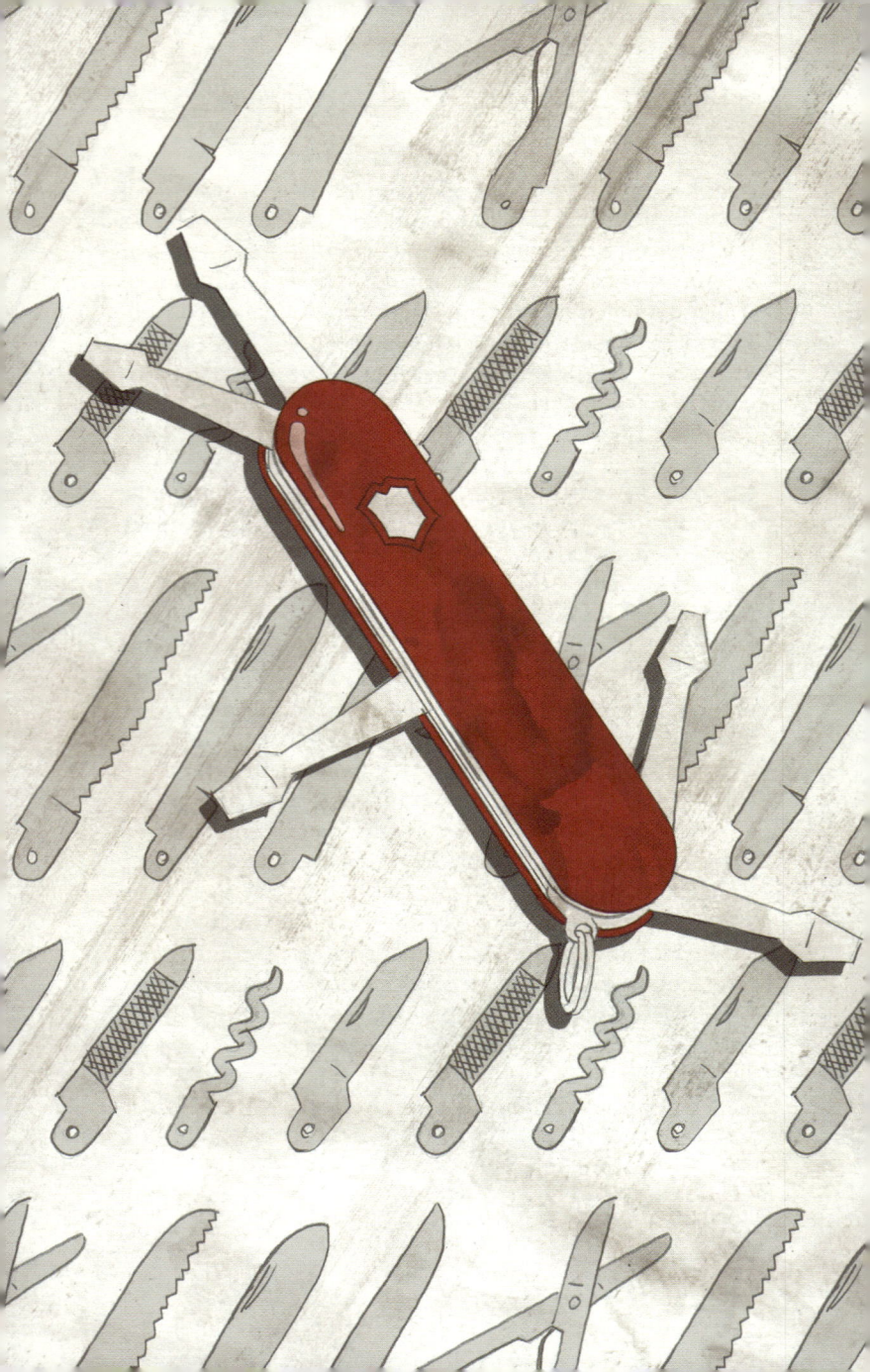

POURQUOI L'HOMME QUI A UN MARTEAU DANS LA TÊTE VOIT TOUT EN FORME DE CLOU

La déformation professionnelle

Un homme prend un crédit, fonde une société et, peu de temps après, fait faillite. Il sombre dans la dépression et se suicide.

Que faites-vous de cette histoire ? Si vous êtes un spécialiste de l'économie d'entreprise, vous allez vouloir comprendre pourquoi l'entreprise n'a pas fonctionné. L'homme a-t-il été incapable de la diriger ? Sa stratégie était-elle mauvaise ? Le marché trop petit ? La concurrence trop importante ? Si vous êtes un spécialiste du marketing, vous allez supposer que cet homme a raté sa cible. Si vous êtes un expert financier, vous allez vous demander si le crédit était le bon instrument de financement. Si vous êtes journaliste local, vous allez voir aussitôt le potentiel médiatique de cette histoire – c'est une aubaine que ce chef d'entreprise se soit suicidé ! Si vous êtes écrivain, vous allez vous demander comment vous pourriez exploiter ce fait divers pour le transformer en véritable tragédie grecque. Si vous êtes banquier, vous croirez à une erreur du service des crédits. Si vous êtes socialiste, à l'échec du capitalisme. Si vous êtes piétiste, à une punition divine. Et si vous êtes psychiatre, à un taux de sérotonine particulièrement bas. Quel est le « bon » point de vue ?

Il n'y en a pas. « Quand vous n'avez pour seul outil qu'un marteau, tous vos problèmes ressemblent à des clous », disait Mark Twain. Une citation qui résume parfaitement la *déformation professionnelle*. Charlie Munger, le partenaire commercial de Warren Buffett, appelle ce phénomène *the man with the hammer tendency* (*l'effet de l'homme au marteau*) : « Des individus sont formés à l'économie, à l'ingénierie, au marketing, à la finance ou à n'importe quel autre domaine. Ils apprennent les quelques modèles de pensée de leur spécialité et, à partir de là, tentent de résoudre tous les problèmes qu'ils rencontrent avec ces quelques modèles. »

Les exemples ne manquent pas : un chirurgien va vouloir résoudre la quasi-totalité des problèmes médicaux par une intervention chirurgicale, alors que le patient pourrait peut-être être traité par une méthode moins invasive. Les militaires pensent aussitôt à des solutions militaires. Les ingénieurs du bâtiment à des solutions de génie civil. Les gourous des « tendances » voient une tendance dans n'importe quel phénomène (l'une des visions du monde les plus idiotes, d'ailleurs). Bref, si l'on interroge quelqu'un sur la cause d'un problème, il répond par son domaine de compétence.

Qu'y a-t-il de si grave à cela ? Ne dit-on pas chacun son métier, les vaches seront bien gardées ? La déformation professionnelle peut devenir dangereuse lorsque les méthodes propres à une spécialité particulière sont appliquées dans des domaines où elles n'ont absolument pas leur place. Vous connaissez certainement des femmes qui, après être devenues mères, traitent leurs maris comme des enfants. Des enseignants qui réprimandent leurs amis comme des élèves. Depuis que nous avons des tableurs Excel sur chaque ordinateur, nous les utilisons aussi pour des tâches où il est absurde d'y recourir – par exemple pour évaluer une start-up ou un(e) partenaire potentiel(le) que nous avons déniché(e) sur un site de rencontre.

« L'homme au marteau » a tendance à user et abuser de son outil, même dans son domaine de compétence. Les critiques littéraires sont entraînés à découvrir partout des références, des symboles et des messages cachés de l'auteur. Depuis que j'écris des romans, j'ai eu l'occasion de vérifier qu'en effet ils voient des références, des symboles et des messages cachés là où il n'y en a pas – ce qui me rappelle certains journalistes économiques, capables de déceler des allusions à un changement de cap de la politique monétaire jusque dans des déclarations tout à fait anodines d'un président de banque centrale.

Moralité : le cerveau n'est pas un ordinateur surpuissant. Il ressemblerait plutôt à un couteau suisse doté de nombreux outils spécialisés. Malheureusement, c'est un couteau de poche incomplet auquel il manque beaucoup de lames et de tournevis. Chaque individu est prisonnier de ses quelques modèles de pensée. Mon conseil : essayez d'acquérir deux ou trois outils supplémentaires – des modèles de pensée très éloignés de votre domaine de compétence. Ces dernières années, je me suis exercé à adopter une vision biologique du monde, ce qui m'a permis de mieux comprendre les systèmes complexes. Un ami à moi, musicien, a développé la vision d'un économiste d'entreprise. Réfléchissez à vos lacunes dans certains domaines et partez à la recherche de modèles de pensée valables dans ceux-ci. Il faut environ un an pour assimiler les principaux modèles de pensée d'une nouvelle spécialité. Mais le jeu en vaut la chandelle : votre couteau de poche devient plus gros et plus polyvalent. Et vos pensées gagnent en pertinence.

POURQUOI VOUS OUBLIEZ RAREMENT UNE TÂCHE QUI N'EST PAS TERMINÉE

L'effet Zeigarnik

B erlin, 1927. Un groupe d'étudiants et de professeurs d'université entre dans un restaurant. Le serveur prend les commandes successives, y compris les « desiderata spéciaux », mais ne juge pas nécessaire de noter quoi que ce soit. Les convives se disent que les erreurs vont être inévitables. Et pourtant : le serveur apporte les plats et les boissons commandés sans commettre la moindre erreur !

Après le repas, le groupe se retrouve dans la rue. Bluma Zeigarnik, alors étudiante en psychologie, s'aperçoit qu'elle a laissé son châle au restaurant. Elle revient sur ses pas, pousse la porte, cherche le serveur à la mémoire d'éléphant et lui demande s'il n'a pas vu son châle. Ce dernier la fixe d'un air interrogateur. Il n'a aucune idée de qui elle est et encore moins de la table à laquelle elle a déjeuné. « Mais comment pouvez-vous avoir oublié cela ?, lui demande Bluma, indignée. Vous avec votre mémoire stupéfiante ! » Réponse laconique du serveur : « Je garde en tête chaque commande jusqu'à ce qu'elle soit servie. »

Bluma Zeigarnik et son mentor Kurt Lewin ont étudié ce comportement étrange et trouvé des informations leur donnant à penser que tous les individus fonctionnent plus ou moins comme ce serveur : nous oublions rarement des tâches qui ne sont pas terminées. Ces tâches se rappellent sans cesse à nous, ne nous laissent pas un instant de répit, s'agrippent à nos vêtements comme des petits enfants jusqu'à ce que nous leur prêtions attention. En revanche, les tâches effectuées sont des affaires classées, aussitôt effacées de la mémoire.

Bluma Zeigarnik a donné son nom à ce mécanisme : on parle de l'*effet Zeigarnik*. Toutefois, ses recherches ont également mis en évidence quelques exceptions : certains individus ne se laissent pas déborder, même s'ils ont des dizaines de projets en cours.

Ce n'est que récemment que Roy Baumeister et ses collègues de l'université de Floride sont parvenus à lever le voile sur ce phénomène. Le chercheur a divisé en trois groupes des étudiants qui étaient à quelques mois de leur examen de fin d'études. Le groupe 1 devait penser intensément à une soirée festive du semestre en cours. Le groupe 2 devait penser intensément à l'examen de fin d'études. Le groupe 3 devait penser intensément à l'examen de fin d'études et se préparer un programme de révisions précis. Ensuite, Baumeister a demandé aux étudiants de compléter des mots sans trop réfléchir. À partir de « pa », certains étudiants ont créé le mot « panique », d'autres « party » (fête en anglais), d'autres encore « Paris » – un bon moyen de découvrir ce qui les préoccupait inconsciemment. Comme prévu, les étudiants du groupe 1 ne se faisaient pas de souci pour leur examen, tandis que ceux du groupe 2 étaient obnubilés par ce dernier et par l'enjeu qu'il représentait. Le résultat du groupe 3 fut étonnant : même si ces étudiants avaient du mal, eux aussi, à penser à autre chose qu'à l'examen en vue, ils restaient lucides et ne stressaient pas. D'autres expériences ont confirmé ces résultats : les tâches à effectuer ne nous obsèdent que jusqu'à ce que nous voyions clairement comment nous allons nous y prendre pour les accomplir. Bluma Zeigarnik croyait, à tort, que nous devions terminer des tâches pour qu'elles sortent de notre tête. Mais ce n'est pas nécessaire – un programme bien pensé suffit. Un résultat surprenant, car il n'est pas compréhensible du point de vue de l'évolution de mettre sur le même plan ceux qui conçoivent des programmes et ceux qui résolvent des problèmes.

Aux États-Unis, David Allen est passé maître dans l'art d'enseigner la gestion du temps. Son objectif déclaré : un esprit clair comme de l'eau de roche. Cela n'est pas synonyme d'une vie parfaitement ordonnée où tout est programmé. Mais cela veut dire qu'on sait exactement comment s'y prendre pour accomplir chaque chose. Pas à pas. De préférence en notant les différentes étapes par écrit. Une fois que votre grosse tâche est divisée en petites tâches précises, votre esprit peut retrouver la paix. L'adjectif « précis » est important. « Organiser l'anniversaire de ma femme » ou « chercher un nouveau job » sont des objectifs inutilisables. David Allen oblige ses clients à diviser ce type de tâche en 20 à 50 étapes intermédiaires.

Heureusement, vous pouvez faire cela vous-même, sans rémunérer grassement un gourou américain. La prochaine fois que vous ne pourrez pas vous endormir, découvrez pourquoi. Posez un petit carnet sur votre table de nuit. Le simple fait de noter par écrit ce qui vous vient à l'esprit fera taire la cacophonie de vos voix intérieures. « Vous voulez trouver Dieu, mais vous ne trouvez que de la nourriture pour chats, alors établissez un programme précis pour savoir comment vous y prendre pour trouver Dieu », conseille David Allen. Le conseil reste valable même si vous avez déjà trouvé Dieu ou si vous n'avez pas de chat.

LE BATEAU DANS LEQUEL VOUS ÊTES ASSIS COMPTE PLUS QUE LA FORCE AVEC LAQUELLE VOUS RAMEZ

L'illusion de compétence

Pourquoi existe-t-il si peu d'entrepreneurs en série – des hommes qui ont fondé plusieurs entreprises à succès les unes après les autres ? Naturellement, nous connaissons tous Steve Jobs et Richard Branson, mais ils constituent une infime minorité : les entrepreneurs en série représentent moins de 1 % de l'ensemble des créateurs d'entreprises. Serait-ce parce que tous les autres se sont retirés à bord de leur yacht privé, comme le cofondateur de Microsoft, Paul Allen ? Non. Si vous connaissez des chefs d'entreprise, vous savez qu'ils ne restent jamais longtemps dans leur chaise longue. Serait-ce parce qu'ils ne peuvent pas décrocher et chouchoutent leur « bébé » jusqu'à l'âge de 65 ans ? Non plus. La plupart des créateurs d'entreprise vendent leurs parts dans les dix ans qui suivent la création de leur société. À vrai dire, on pourrait imaginer que ces hommes pragmatiques, forts de leurs compétences, de leur réseau personnel et de leur réputation, ont le bagage parfait pour créer bien d'autres entreprises. Pourquoi diable ne réitèrent-ils pas une aventure couronnée de succès ? Il n'existe qu'une réponse valable : la chance compte plus que les compétences. Aucun entrepreneur n'aime admettre cela. Lorsque j'ai entendu parler pour la première fois de l'*illusion de compétence*, j'ai réagi avec indignation : « Quoi ? Ma réussite un pur hasard ? C'est impossible ! » On est en droit de se vexer, surtout quand on a bâti sa réussite à la force du poignet.

Amour-propre mis à part, interrogeons-nous : quelle part de la réussite d'une entreprise est due à la chance et quelle part au fruit d'un dur labeur et d'un talent particulier ? Cette question est souvent mal comprise. Bien sûr que le talent et les efforts sont nécessaires. Mais ni les compétences ni le travail, aussi acharné soit-il, ne sont des critères de réussite déterminants. Comment le sait-on ? Il existe un test tout simple. Ce n'est qu'à deux conditions, et je dis bien deux conditions, que les capacités d'un individu sont déterminantes : 1) si sa réussite dure depuis longtemps et 2) s'il réussit durablement mieux que des individus moins compétents que lui. Il est prouvé que ce n'est pas le cas des créateurs d'entreprise. Si ça l'était, la plupart réussiraient, après un premier succès, à en enchaîner un deuxième, un troisième, puis un quatrième.

Qu'en est-il des PDG ? Sont-ils déterminants pour la réussite d'une entreprise ? Des chercheurs ont étudié le rapport entre les traits de personnalité et le comportement des PDG d'une part, et l'accroissement de la valeur des entreprises d'autre part. Résultat : lorsqu'on compare deux entreprises prises au hasard, le PDG à la personnalité la plus forte dirige l'entreprise à la plus forte valeur dans 60 % des cas. Et dans 40 % des cas, le PDG au caractère le plus faible gouverne l'entreprise la plus fortement valorisée. Un résultat de dix points supérieur à la pure distribution aléatoire. Le prix Nobel d'économie Daniel Kahneman dit à ce propos : « On se demande pourquoi les gens se ruent sur des livres de personnalités du monde de l'entreprise qui, en moyenne, font à peine mieux que le hasard. » Warren Buffett n'approuve pas non plus le culte du PDG qui règne actuellement : « Ta performance de PDG dépend beaucoup plus fortement du bateau écono-mique à bord duquel tu es assis que de tes coups de rames. »

Et puis il y a les domaines où les compétences ne jouent aucun rôle. Dans son livre *Système 1, système 2 : Les deux vitesses de la pensée*, Kahneman décrit sa visite dans une société de gestion de patrimoine. Pour préparer son interven-tion, il avait reçu un tableur qui montrait les performances de chaque conseiller au cours des huit dernières années. À ces performances correspondait un classement – numéro 1, numéro 2, numéro 3, etc. – établi chaque année. Kahneman a rapidement calculé les corrélations des classements entre l'année 1 et l'année 2, l'année 1 et l'année 3, l'année 1 et l'année 4 et ainsi de suite jusqu'à l'année 8. Résultat : le pur hasard. Tantôt le conseiller était tout en haut du classement, tantôt tout en bas. Ses performances actuelles ne reflétaient pas ses performances passées et ne laissaient rien présager de celles à venir. La corrélation était nulle. Et, malgré cela, les conseillers touchaient des primes de résultat. Autrement dit, l'entreprise récompensait le hasard et non pas la perfor-mance.

Moralité : il y a des individus qui vivent de leurs compé-tences – les pilotes, les plombiers, les avocats, etc. Il y en a d'autres dont les compétences sont, certes, nécessaires mais pas déterminantes – les créateurs d'entreprise et les PDG par exemple. Enfin, il y a ceux dont les compétences n'ont aucune importance et qui évoluent dans des domaines où règne le hasard – par exemple les financiers, particulièrement sujets à l'illusion de compétence. Alors traitez votre plombier avec le respect qui lui est dû et ne prenez pas au sérieux les petits malins de la finance.

© Groupe Eyrolles

POURQUOI LES LISTES DE VÉRIFICATION RENDENT AVEUGLE

L'effet de la caractéristique positive

Deux séries de nombres. La première, la série A, est la suivante : 724, 947, 421, 843, 394, 411, 054, 646. Qu'ont ces nombres en commun ? Ne poursuivez pas votre lecture avant de l'avoir trouvé. Bravo ! Le chiffre 4, bien sûr. Maintenant la série B : 349, 851, 274, 905, 772, 032, 854, 113. Qu'ont ces nombres en commun ? Encore une fois, ne continuez pas votre lecture avant de l'avoir trouvé. Vous remarquez que cette fois, l'exercice est plus difficile. Réponse : l'absence du chiffre 6. Que pouvez-vous en apprendre ? L'absence est beaucoup plus difficile à reconnaître que la présence. Autrement dit : ce qui est là a plus de poids que ce qui n'est pas là.

La semaine dernière, alors que je faisais une promenade, je me suis aperçu que je n'avais pas de douleurs. Cette pensée m'est venue de manière totalement inattendue, car je n'ai pratiquement jamais de douleurs. Elle m'a stupéfait par son caractère justement si banal et si évident. Et, pendant un moment, elle m'a procuré un sentiment de bonheur. Penser cette absence m'a demandé un travail mental assez considérable. Puis la pensée s'est envolée.

Lors d'un concert dans le cadre du festival de Lucerne, les musiciens ont joué la Neuvième Symphonie de Beethoven.

Ce furent des débordements d'enthousiasme dans la salle. On voyait même çà et là couler des larmes de joie, notamment pour l'Ode du quatrième mouvement. Quel bonheur que cette symphonie existe, ai-je pensé. Mais avais-je vraiment raison ? Serions-nous plus malheureux sans la Neuvième Symphonie de Beethoven ? Certainement pas. Si cette symphonie n'avait jamais été composée, elle ne manquerait à personne. Le directeur du festival n'aurait pas reçu d'appels furieux de la part d'amoureux de la musique lui enjoignant : « S'il vous plaît, faites immédiatement composer et jouer cette symphonie ! » Bref : ce qui existe a beaucoup plus d'importance pour nous que ce qui manque. Les scientifiques appellent ce phénomène l'*effet de la caractéristique positive*.

Les campagnes de prévention exploitent cet effet. « Fumer provoque le cancer du poumon » impressionne bien davantage que « Ne pas fumer permet de vivre sans cancer du poumon ». Les experts comptables et autres professionnels qui travaillent avec des listes de vérification (*checklists*) sont particulièrement réceptifs à l'effet de la caractéristique positive : une déduction de TVA qui manque est aussitôt découverte parce qu'elle figure sur leur liste, ce qui n'est pas le cas des escroqueries de haut vol commises par Enron, Madoff et toutes sortes de traders crapuleux (comme Nick Leeson ou Jérôme Kerviel, qui ont roulé dans la farine respectivement la Barings et la Société Générale). Des « frasques » financières de cette ampleur ne figurent sur aucune liste de vérification. Inutile, même, d'aller jusqu'au délit : dans le cas d'une banque de crédits hypothécaires, un risque de crédit est immédiatement découvert avec une précision diabolique parce que la liste de vérification l'exige, ce qui n'est pas le cas d'une dépréciation de l'immobilier par la construction d'une usine d'incinération des déchets dans le voisinage.

Supposons que vous fabriquez un produit douteux, par exemple une sauce pour salade trop riche en cholestérol. Que faites-vous ? Sur l'étiquette, vous mentionnez les

20 vitamines contenues dans cette sauce et passez sous silence la teneur en cholestérol du produit. L'absence de cette mention ne va pas sauter aux yeux des consommateurs. Et les caractéristiques positives vont leur permettre de croire qu'ils achètent le produit en toute sécurité.

Dans le domaine scientifique, nous rencontrons constamment l'effet de la caractéristique positive. La confirmation d'hypothèses entraîne des publications qui, dans des cas extrêmes, sont récompensées par un prix Nobel. En revanche, la réfutation d'une hypothèse est rarement publiée dans une revue scientifique et, à ma connaissance, n'a jamais mérité aucun Nobel. Et pourtant, la réfutation d'une hypothèse revêt une importance scientifique aussi grande que sa confirmation. L'effet de la caractéristique positive nous rend également beaucoup plus réceptifs aux recommandations positives (Fais ceci) qu'aux négatives (Ne fais pas cela), qu'elles soient valables ou totalement absurdes.

Moralité : nous avons du mal à penser les « non-événements ». Nous sommes aveugles à ce qui n'existe pas. Nous avons conscience de la guerre lorsqu'elle est là, mais nous ne pensons pas à l'absence de guerre en temps de paix. Lorsque nous sommes en bonne santé, nous pensons rarement que nous pourrions être malades. Nous descendons d'avion à Majorque sans nous étonner le moins du monde que l'avion ne se soit pas écrasé. Si nous parvenions de temps en temps à penser l'absence, nous serions beaucoup plus heureux. Mais c'est un travail mental exigeant. La plus grande question philosophique est la suivante : pourquoi y a-t-il quelque chose plutôt que rien ? Ne vous attendez pas à une réponse vite fait, mais vous poser la question est un bon moyen de combattre l'effet de la caractéristique positive.

POURQUOI VOUS VOULEZ PEINDRE LA CIBLE AUTOUR DE LA FLÈCHE

Le parti pris informationnel

Sur leurs sites Web, les hôtels se montrent sous leur meilleur jour. Les photos sont soigneusement sélectionnées. Ce qui est beau et élégant a droit de cité. En revanche, les perspectives inesthétiques, les tuyaux qui fuient et les salles de petit-déjeuner à la déco kitsch ne sont jamais photographiés. Naturellement, vous savez tout cela, et c'est pourquoi, au pire, vous haussez les épaules en arrivant dans un hôtel minable en vous disant : « Je m'en doutais. » La démarche de l'hôtel s'appelle *parti pris informationnel*. C'est avec les mêmes attentes teintées de scepticisme que vous étudiez les brochures commerciales vantant des voitures, des biens fonciers ou des cabinets d'avocats. Vous connaissez le principe et ne tombez pas dans le piège.

Vous réagissez autrement aux rapports d'activité d'entreprises, de fondations et d'organismes publics. Là, vous vous attendez à une représentation objective. Vous avez tort, car ces entités pratiquent, elles aussi, le parti pris informationnel : les objectifs atteints sont présentés en gros, mais les objectifs ratés ne sont même pas mentionnés.

Supposons que vous êtes cadre dans une entreprise. La direction vous invite à présenter la situation actuelle de votre service. Comment procédez-vous ? Vous mettez en avant vos succès, évoquez les « défis à relever » et faites passer à l'as les objectifs que vous n'avez pas réussi à atteindre.

Les anecdotes représentent un cas de parti pris informationnel particulièrement délicat. Supposons que vous dirigez une entreprise qui fabrique du matériel technique. Un sondage a révélé que la grande majorité de vos clients ne sait pas faire fonctionner vos produits. Trop compliqués. Le directeur du personnel lève le doigt et dit : « Mon beau-père a eu l'appareil entre les mains hier et il l'a fait fonctionner du premier coup. » Quel poids allez-vous accorder à ce témoignage ? Quasi nul. Mais il est difficile de ne pas tenir compte d'une anecdote, car il s'agit d'une mini histoire et nous savons à quel point notre cerveau est sensible aux histoires. Les chefs d'entreprise les plus intelligents ont développé au cours de leur carrière une allergie aux anecdotes et rejettent instantanément des prises de parole de ce type.

Plus un domaine est pointu et de haut niveau, plus nous avons tendance à tomber dans le piège du parti pris informationnel. Nassim Taleb décrit dans son livre *Antifragile : Les bienfaits du désordre* comment tous les domaines de recherche – de la philosophie à la médecine en passant par l'économie – se vantent de leurs résultats : « La recherche universitaire excelle lorsqu'il s'agit de nous dire ce qu'elle a fait pour nous, mais passe sous silence ce qu'elle n'a pas fait. » Le parti pris informationnel dans toute sa splendeur. Mais notre respect à l'égard de la recherche est beaucoup trop important pour que nous remarquions le parti pris informationnel qui se cache derrière. Prenons la médecine. Dire aux gens qu'ils ne doivent pas fumer est la plus grande contribution médicale de ces soixante dernières années – plus grande que toute la recherche et tous les progrès médicaux réunis depuis la fin de la Seconde Guerre mondiale. C'est ce que montre Druin Burch dans son livre *Taking the Medicine*. Les quelques partis pris informationnels (les antibiotiques) nous leurrent. Simplement, les scientifiques qui font de la recherche sur les médicaments sont montés au pinacle, pas les héros obscurs de la lutte antitabac.

L'état-major des grandes entreprises ou les hauts fonctionnaires se vantent tout autant que les hôteliers. Ils sont passés maîtres dans l'art de montrer tout ce qu'ils ont su faire. Mais ils sont beaucoup plus discrets sur ce qu'ils n'ont pas réussi, sur les avantages qu'ils n'ont pas apportés.

Alors, que faire ? D'abord, si vous siégez au conseil de surveillance de l'une de ces entreprises, posez systématiquement des questions sur les informations non dévoilées, sur les projets et les objectifs ratés. Vous apprendrez bien davantage des échecs que des réussites. Il est étonnant de voir à quel point ces questions sont rarement abordées. Ensuite, au lieu de faire appel à une horde de contrôleurs financiers qui vérifient les coûts au centime près, examinez plutôt les objectifs. Et vous constaterez avec stupéfaction que les objectifs initiaux se sont évaporés au fil du temps. Vous apprendrez qu'ils ont été discrètement remplacés par des « objectifs personnels » – que la personne a atteints, en totalité bien sûr. Des phrases du style « Je me suis fixé pour objectif de… » doivent vous alerter. C'est comme si quelqu'un lançait une flèche sur un panneau de bois et peignait ensuite une cible autour de la pointe.

LA SEMPITERNELLE CHASSE AUX BOUCS ÉMISSAIRES

Le biais de la cause unique

C hris Matthews est l'un des journalistes stars de la chaîne de télévision américaine MSNBC. Dans son débat d'actualités, il interroge des « experts politiques » qui doivent répondre le plus brièvement possible. Je n'ai jamais compris ce qu'était un expert politique ni pourquoi une telle carrière était enviable. En 2003 l'invasion de l'Irak par les Américains faisait la une de l'actualité. Les questions de Chris Matthews étaient plus importantes que les réponses des experts : « Quelle est la raison de cette guerre ? » « L'attentat du 11 septembre en est-il la cause ? » « Croyez-vous que les armes de destruction massive sont à l'origine de cette guerre ? » « Selon vous, pourquoi avons-nous envahi l'Irak ? Quelle est la vraie raison ? » Etc., etc. Je ne supporte plus d'entendre ce genre de phrases. Elles sont symptomatiques du biais cognitif le plus fréquent, un biais qui, curieusement, ne porte pas un nom courant, mais une appellation complexe – la *simplification excessive de la causalité* ou *biais de la cause unique*.

Cinq ans plus tard, en 2008, c'était la panique sur les marchés boursiers. Les banques s'effondraient et devaient être renflouées par les deniers publics. Investisseurs, politiques et journalistes se sont interrogés, avec une colère non dissimulée, sur la cause de cette crise financière. S'agissait-il de la politique monétaire exagérément laxiste d'Alan Greenspan ? de la bêtise des investisseurs ? d'agences de notation douteuses ? d'experts comptables soudoyés ? de modèles de risque erronés ? d'une pure cupidité ? Aucune de ces causes n'est LA cause. Ce sont toutes ces causes à la fois.

Et c'est ainsi dans tous les domaines. Le merveilleux été indien, un divorce dans le cercle de nos amis, la Première Guerre mondiale, le cancer, la crise de folie meurtrière dans une école, le succès mondial d'une entreprise, l'invention de l'écriture – tout individu pas trop bête sait qu'il n'y a pas à tout cela une seule cause, mais des centaines, des milliers, d'innombrables causes. Et, malgré tout, nous ne pouvons nous empêcher de vouloir n'en trouver qu'une seule.

« Une pomme tombe quand elle est mûre ; pourquoi tombe-t-elle ? Son poids l'entraîne-t-il vers la terre, sa queue s'est-elle desséchée, le soleil l'a-t-il grillée, le vent l'a-t-il secouée ? Obéit-elle tout simplement à l'appel secret du gamin qui la convoite ? Rien de tout cela n'est la vraie cause. Il n'y a là qu'une concordance de conditions favorables à l'accomplissement de n'importe quelle manifestation élémentaire de la vie organique », écrit très justement Tolstoï dans *La Guerre et la paix*.

Supposons que vous êtes chef de produit dans une entreprise qui fabrique des céréales et que vous venez de lancer sur le marché la nouvelle gamme *Bio-Slim-Fit*. Au bout d'un mois, vous ne pouvez plus vous voiler la face : c'est un flop ! Comment trouver la cause de cet échec ? Premièrement, vous savez maintenant qu'il n'y a pas une, mais une multitude de causes. Prenez une feuille de papier et notez toutes les raisons qui pourraient avoir provoqué cet échec commercial. Faites la même chose pour les raisons qui se cachent derrière ces raisons. Au bout d'un moment, vous obtenez tout un réseau de facteurs d'influence possibles. Deuxièmement, soulignez les causes sur lesquelles vous pouvez agir et supprimez les autres (par exemple, « la nature humaine »). Troisièmement, réalisez des tests empiriques en variant sur différents marchés les facteurs soulignés. Cela coûte du temps et de l'argent, mais constitue le seul moyen de sortir de ce « bourbier » de suppositions.

La simplification excessive de la causalité est aussi ancienne que dangereuse. Nous avons appris à voir l'homme comme « le père de ses actes ». Dixit Aristote il y a 2 400 ans. Aujourd'hui, nous savons que cela ne tient pas debout. Nous n'avons pas de libre-arbitre, il s'agit plutôt de milliers de facteurs qui interagissent pour déclencher une action – des dispositions génétiques jusqu'à l'éducation, en passant par la quantité d'hormones libérées par les neurones. Et pourtant, nous restons accrochés à cette image obsolète de l'homme. Ce n'est pas seulement stupide, mais aussi moralement dangereux : tant que nous croirons à la cause unique, nous aurons toujours tendance à imputer des catastrophes à des individus et à les juger « responsables ». La chasse idiote au bouc émissaire renforce essentiellement l'exercice du pouvoir – un jeu auquel les humains jouent depuis des millénaires.

Toujours est-il que le biais de la cause unique est si populaire que Tracy Chapman lui doit son succès mondial. La chanson qui l'a fait connaître s'appelle *Give Me One Reason* (Donne-moi une seule raison). Mais attendez : n'y en avait-il pas d'autres ?

POURQUOI LES CHAUFFARDS APPARAISSENT COMME DES CONDUCTEURS MOINS DANGEREUX

Le biais de l'intention de traiter

Les chauffards conduisent de façon plus sûre que les automobilistes soi-disant « raisonnables ». Pourquoi ? 150 kilomètres séparent Hanovre de Hambourg. Les automobilistes qui font le trajet en une heure, voire moins, appartiennent au groupe des « chauffards » avec une vitesse moyenne d'au moins 150 km/h. Tous les autres font partie du groupe des « raisonnables ». Chez quelle population les accidents sont-ils les moins nombreux ? Chez les « chauffards » ou chez les « raisonnables » ? Évidemment, chez les chauffards. Ils ont mis moins d'une heure pour relier les deux villes, par conséquent aucun d'entre eux n'a pu être impliqué dans un accident. En revanche, les conducteurs responsables de l'accident font automatiquement partie du groupe des « raisonnables ». Cet exemple tiré d'un excellent livre de Dubben et Beck-Bornholdt sur « le chien qui a pondu un œuf » reflète un biais cognitif insidieux, ce qu'on appelle le *biais de l'intention de traiter*.

Un banquier vient de me présenter une étude intéressante qui révèle que les entreprises massivement endettées
sont beaucoup plus rentables que celles qui n'ont pas eu
recours au crédit. Il exhortait chaque entreprise à s'endetter
au maximum – auprès de sa propre banque, naturellement.
J'ai examiné cette étude de plus près. Il avait raison ! Sur
1 000 entreprises sélectionnées au hasard, les plus lour-
dement endettées dégageaient un rendement plus élevé,
non seulement sur leur capital propre, mais aussi sur leur
capital global. Les sociétés surendettées obtenaient systématiquement de meilleurs résultats que les autres. Pourquoi
diable ? Au bout d'un moment, ça a soudain fait tilt dans ma
tête : les entreprises non rentables n'obtiennent pas de crédit.
Elles font automatiquement partie du groupe des « non
endettées ». Qui plus est, les entreprises endettées déposent
plus rapidement le bilan que les non endettées. Dès qu'une
entreprise ne peut plus rembourser ses intérêts, la banque
prend les rênes et l'entreprise est bradée – et, du coup, dis-
paraît de l'étude. Les entreprises endettées qui survivent sont
relativement saines. En revanche, les entreprises non endettées disposent d'un matelas financier plus important, ne font
pas faillite aussi vite et continuent de faire partie de l'étude,
aussi mal en point soient-elles.

Si vous vous dites à cet instant : « OK, j'ai compris »,
faites attention – le biais de l'intention de traiter n'est pas
facile à reconnaître. Un exemple fictif issu de la médecine :
le groupe pharmaceutique Novirus a mis au point une nouvelle pilule contre les pathologies cardiaques. Une étude
« prouve » que ce médicament diminue considérablement
le taux de mortalité des patients cardiaques. Les données
parlent d'elles-mêmes : le taux de mortalité à cinq ans des
malades qui ont pris régulièrement cette nouvelle pilule
s'élève à 15 %. Certes, le taux de mortalité des individus qui
ont pris une pilule placebo est à peu près le même. Mais le
taux de mortalité des patients qui n'ont pas pris la nouvelle

pilule de façon régulière s'élève à 30 %, soit le double ! Une information cruciale. Manifestement, il existe une différence énorme entre une prise régulière et une prise irrégulière de ce nouveau médicament. Une pilule qui est donc un franc succès, non ? Oui ou non ?

Il y a un hic : il est probable que ce ne soit pas la pilule, mais le comportement du patient, qui soit le facteur déterminant. Les patients qui avaient des effets secondaires trop importants ont peut-être arrêté le traitement, ce qui les classe dans la catégorie des « preneurs irréguliers ». Peut-être étaient-ils même tellement mal en point qu'une prise régulière de ce médicament était juste impensable. Comme toujours : il ne reste que les patients « preneurs réguliers » qui sont relativement en bonne santé – ce qui donne l'impression que ce médicament est beaucoup plus efficace qu'il n'est en réalité.

Les études sérieuses exploitent les données de l'ensemble des patients qu'on envisageait de traiter initialement (intention de traiter) – qu'ils aient participé aux essais ou non. Malheureusement, beaucoup d'études ne tiennent pas compte de cette règle – intentionnellement ou par erreur, la question reste posée. Par conséquent, soyez sur vos gardes : vérifiez immédiatement si l'objet de l'étude – automobilistes responsables d'accidents, entreprises en faillite, patients gravement malades – fait toujours partie de l'échantillon ou l'a quitté sans crier gare, pour quelque raison que ce soit. Dans ce dernier cas, vous pouvez mettre votre étude à la poubelle.

POURQUOI TROP D'INFO TUE L'INFO

L'illusion des nouvelles

Tremblement de terre à Sumatra. Crash aérien en Russie. Un homme garde sa fille enfermée dans sa cave pendant 30 ans. Heidi Klum se sépare de Seal. Salaires record à la Deutsche Bank. Attentat au Pakistan. Démission du président du Mali. Nouveau record mondial dans le lancer de poids. Doit-on savoir tout ça ?

Nous sommes si bien informés, et pourtant en savons si peu. Pourquoi ? Parce qu'il y a deux siècles nous avons inventé une forme de savoir toxique, les « nouvelles » du monde entier. Les nouvelles sont pour l'esprit ce que le sucre est pour le corps – appétissantes et faciles à digérer, mais extrêmement néfastes à long terme.

Il y a trois ans, j'ai démarré une expérience. J'ai décidé de ne plus consommer de nouvelles. J'ai résilié tous mes abonnements – journaux, revues, etc. J'ai éliminé la télévision et la radio. J'ai supprimé les applications News de mon iPhone. Je n'ai plus touché à aucun journal gratuit et je détournais volontairement le regard lorsque quelqu'un ouvrait le journal à côté de moi dans l'avion. Les premières semaines ont été dures. Très dures. J'avais constamment peur de rater quelque chose. Mais au bout d'un moment, une nouvelle façon d'aborder l'existence s'est mise en place. Le résultat trois ans après : une pensée plus claire, des points de vue de plus grande valeur, de meilleures décisions et beaucoup plus de temps. Et vous connaissez la meilleure ? Je n'ai encore jamais manqué quelque chose d'important. Mon réseau social – pas Facebook, mais un « vrai » réseau constitué d'amis et de connaissances en chair et en os – fait office de « filtre à nouvelles ».

Il existe une douzaine de raisons d'éviter les nouvelles. Voici les trois premières. D'abord, notre cerveau réagit avec une intensité exagérément forte à des stimuli scandaleux, choquants, bruyants, relatifs aux individus et sans cesse changeants – et avec une intensité exagérément faible à des informations abstraites, complexes et qui réclament une explication. Les nouvelles exploitent ce phénomène. Des histoires captivantes, des images spectaculaires et des « faits » sensationnels attirent notre attention. C'est ainsi que fonctionne notre modèle commercial – la publicité qui finance tout ce cirque ne fait vendre que si elle attire l'attention. Résultat : tout ce qui est subtil, complexe, abstrait et difficile à comprendre doit systématiquement passer à la trappe, bien que ces contenus soient largement plus pertinents pour notre vie et la compréhension du monde. Conséquence de cette consommation de masse de nouvelles : nous déambulons en ayant à l'esprit une carte des risques totalement erronée. Les consommateurs de nouvelles se font une idée complètement fausse de la plupart des sujets d'actualité. Les risques dont ils entendent parler dans les médias ne sont pas les vrais risques.

Ensuite, les nouvelles ne sont absolument pas pertinentes. Au cours des douze derniers mois, vous avez ingurgité quelque 10 000 nouvelles brèves – soit une trentaine par jour. Soyez honnête : citez-m'en une seule qui vous a permis de prendre une meilleure décision – dans votre vie personnelle ou professionnelle – que si vous ne l'aviez pas entendue. Aucune des personnes auxquelles j'ai posé cette question n'a pu me donner plus de deux nouvelles – deux sur 10 000. Un taux de pertinence déplorable. Les fournisseurs de nouvelles veulent vous faire croire qu'ils vous donnent un avantage concurrentiel. Beaucoup de gens tombent dans le piège. En réalité, la consommation de nouvelles est l'exact opposé : un désavantage concurrentiel. Si cela faisait vraiment avancer l'être humain, les journalistes se trouveraient au sommet de la pyramide des revenus. Ce qui n'est pas le cas, bien au contraire.

Enfin, les nouvelles sont une perte de temps pure et simple. L'individu moyen gaspille une demi-journée de travail par semaine à lire, regarder ou écouter les nouvelles. D'un point de vue global, la perte de productivité est immense. Prenez les attaques terroristes à Bombay en 2008. Les terroristes ont tué 200 personnes pour faire parler d'eux. Imaginez qu'un milliard d'individus aient consacré en moyenne une heure de leur capacité d'attention à la tragédie de Bombay : ils ont suivi le déroulement des événements et les bavardages d' « experts » et de « commentateurs » sur leur petit écran. Une estimation parfaitement réaliste puisque l'Inde seule compte plus d'un milliard d'habitants. Mais évaluons au plus bas. Si vous multipliez un milliard d'individus par une heure de distraction, vous obtenez un milliard d'heures de distraction. Autrement dit, la consommation de nouvelles a coûté la vie à environ 2 000 personnes (si on admet que la durée de vie moyenne d'une personne est de 500 000 heures), soit dix fois plus que l'attentat. Une considération cynique, mais vraie.

Renoncer aux actualités vous procure un avantage immense, bien supérieur à ce que vous apporte l'élimination des autres erreurs de jugement décrites dans ce livre. Avec votre nouvelle existence sans gazettes, redoutez-vous d'être exclu des soirées mondaines ? Certes, vous ignorez peut-être qu'un avion s'est fracassé en Sibérie, mais vous comprenez les liens profonds et souvent invisibles entre les choses. Et cette compréhension, vous pouvez la partager avec d'autres. N'ayez aucun scrupule à parler de votre diète de nouvelles.

On va vous écouter avec fascination. Bref, renoncez totalement à votre consommation quotidienne d'actualités. Remplacez-la par la lecture d'articles de fond et de livres. Car vous ne trouverez pas mieux que les livres pour comprendre le monde.

NOTES

Il existe des centaines d'études pour chaque biais cognitif, ou presque. Je me suis donc limité aux citations, références techniques, recommandations de lecture et commentaires les plus importants. L'ensemble des connaissances rassemblées dans ce livre repose sur les recherches des trois dernières décennies dans le domaine de la psychologie cognitive et sociale.

Justification de la motivation (*because-justification*)

Sedivy, Julie ; Carlson, Greg, *Sold on Language. How Advertisers Talk to You and What This Says About You*, Wiley, 2011, p. 88-89.

Goldman, Barry, *The Science of Settlement: Ideas for Negotiators*, ALI-ABA, 2008, p. 50.

Goldstein, Noah ; Martin, Steve ; Cialdini, Robert, *Yes ! Devenez un as de la persuasion en 50 leçons*, L'Express, 2012.

Fatigue décisionnelle (*decision fatigue*)

Baumeister, Roy, *Willpower*, Penguin Press, 2010.

Au sujet des décisions des juges :

Danzigera, Shai *et al.*, « Extraneous Factors in Judicial Decisions », *Proceedings of the National Academy of Science*, 25/02/2011.

Baumeister, Roy, « Ego Depletion and Self-Control Failure: An Energy Model of the Self's Executive Function », *Self and Identity* 1, 2002, p. 129-136.

Loewenstein, George ; Read, Daniel ; Baumeister, Roy, *Time and Decision: Economic and Psychological Perspectives on Intertemporal Choice*, Russell Sage Foundation, 2003, p. 208.

Après avoir arpenté les allées d'un supermarché, le consommateur ressent une fatigue décisionnelle. Les grandes surfaces en profitent pour placer des produits achetés par impulsion (chewing-gums, bonbons, etc.) juste à côté des caisses, c'est-à-dire à la fin du marathon décisionnel. Voir : Tierney, John, « Do You Suffer From Decision Fatigue ? », *New York Times Magazine,* 21/08/2011.

Biais de contamination (*contagion bias*)
Le biais de contamination est également appelé « heuristique de contamination ».

« Une fois en contact, pour toujours en contact » – telle pourrait être la formule abrégée de ce biais.

Gilovich, Thomas ; Griffin, Dale ; Kahneman, Daniel, *Heuristics and Biases: The Psychology of Intuitive Judgment,* Cambridge University Press, 2002, p. 212.

Daileader, Philip, *The High Middle Ages*, Conférence 3, début à ~26 : 30, Cours n° 869, The Teaching Company, 2001.

L'exemple avec les flèches sur Kennedy contre Hitler est extrait de : Gilovich, Thomas ; Griffin, Dale ; Kahneman, Daniel, *Heuristics and Biases: The Psychology of Intuitive Judgment*, Cambridge UP, 2002, p. 205. Les auteurs de l'article (Paul Rozin et Carol Nemeroff) ne parlent pas ici de « contamination », mais de « loi de similitude ». J'ai ajouté l'exemple du biais de contamination parce qu'il s'agit d'un penchant pour la magie au sens large.

Photos de la mère : un groupe de contrôle sans photo a visé beaucoup plus juste. Les individus se comportaient comme si la photo possédait un pouvoir magique et pouvait réellement blesser la personne. Dans le cadre d'une expérience similaire, les chercheurs ont fixé sur la cible une photo, soit de John Kennedy, soit d'Adolf Hitler. Même si tous les étudiants essayaient de viser la cible avec une précision maximale, ceux qui « tiraient » sur Kennedy visaient nettement moins bien.

Nous sommes réticents à pénétrer dans une maison, un appartement ou une chambre où quelqu'un vient de mourir.

Les entreprises apprécient d'emménager dans des bureaux occupés précédemment par une société prospère (telle que Google).

Pour calculer le nombre de molécules par inspiration : l'atmosphère est constituée d'environ 10^{44} molécules. La masse atmosphérique totale s'élève à $5,1 \times 10^{18}$ kg. La densité de l'air au niveau de la mer représente environ 1,2 kg/m³. Selon le nombre de Loschmidt, un mètre cube d'air contient environ $2,7 \times 10^{25}$ molécules. Et donc $2,7 \times 10^{22}$ molécules dans un litre. Nous respirons en moyenne quelque sept litres d'air par minute (environ un litre par inspiration), soit 3 700 mètres cubes par an. Saddam Hussein a « consommé » 260 000 mètres cubes d'air au cours de sa vie. Supposons qu'il a inhalé plusieurs fois environ 10 % de ce volume, il reste 230 000 mètres cubes d'air « contaminés par Saddam Hussein » dans l'atmosphère. $6,2 \times 10^{30}$ molécules sont passées dans ses poumons et sont aujourd'hui répandues dans l'atmosphère. La concentration de ces molécules dans l'atmosphère s'élève à $6,2 \times 10^{14}$. Ce qui représente 1,7 milliard de molécules « contaminées par Saddam Hussein » par inspiration.

Voir aussi Nemeroff, C. ; Rozin, P., « The Makings of the Magical Mind: The Nature of Function of Sympathetic Magic », dans : Rosengren, K. S. ; Johnson, C. N. ; Harris, P. L. (éd.), *Imagining the Impossible: Magical, Scientific, and Religious Thinking in Children*, Cambridge University Press, 2000, p. 1-34.

Effet d'éviction de la motivation (*motivation crowding*)

Frey, Bruno S., « Die Grenzen ökonomischer Anreize », *Neue Zürcher Zeitung*, 18.05.2001.

Cet article fournit un bon aperçu général de la question :

Frey, Bruno S. ; Jegen, Reto, « Motivation Crowding Theory: A Survey of Empirical Evidence », *Journal of Economic Surveys* 15 (5), 2001, p. 589-611.

Levitt, Steven D. ; Dubner, Stephen J., *Freakonomics*, Denoël, 2006, chapitre 1.

Brafman, Ori ; Brafman, Rom, *Sway, The Irresistible Pull of Irrational Behavior*, Crown Business, 2008, chapitre 7.

Eisenberger, R. *et al.*, « Does Pay for Performance Increase or Decrease Perceived Self-determination and Intrinsic Motivation? », *Journal of Personality and Social Psychology* 77 (5), 1999, p. 1026-1040.

Au sujet des crèches : malheureusement, la relation est restée un rapport d'argent, même après la suppression des amendes. Le système monétaire avait évincé définitivement la motivation intrinsèque

Il y a pléthore d'exemples de *motivation crowding*, notamment dans la littérature scientifique. Voici un extrait de Fehr, E. et Falk, A., *Psychological Foundations of Incentives*, Center for Economic Studies & Ifo Institute for Economic Research, 2002 : « Chaque année, à un jour fixé d'avance, des étudiants font du porte-à-porte pour collecter des dons d'argent en faveur de la recherche sur le cancer, des enfants handicapés, etc. Les étudiants qui ont cette démarche reçoivent, en général, l'approbation sociale de leurs parents, de leurs enseignants et d'autres personnes. C'est ce qui les motive vraiment à collecter ces dons. Lorsqu'on a proposé à chacun d'entre eux de toucher 1 % de l'argent collecté, le montant total collecté a diminué de 36 %. »

Phénomène de Will Rogers

La migration de stade (*stage migration*) en matière de diagnostic des tumeurs cancéreuses va bien plus loin que ce que je décris dans ce chapitre. Vu que le stade 1 comprend désormais un nombre de cas de plus en plus élevé, les médecins réajustent les frontières entre les différents stades. Les patients les plus avancés du stade 1 font aujourd'hui partie du stade 2. Les patients les plus avancés du stade 2 sont désormais inclus dans le stade 3 et les patients les plus avancés du stade 3 sont dorénavant classés dans le stade 4. Ce redécoupage prolonge la probabilité de survie au sein de chacun des stades. Mais ce n'est pas pour autant que l'espérance de vie des patients augmente. On a l'impression qu'on a fait des progrès thérapeutiques, mais en réalité, c'est seulement le diagnostic qui s'est amélioré.

Feinstein, A. R. ; Sosin, D. M. ; Wells, C. K., « The Will Rogers Phenomenon. Stage Migration and New Diagnostic Techniques as a Source of Misleading Statistics for Survival In Cancer », *The New England Journal of Medicine* 312 (25), 1985, p. 1604-1608.

D'autres exemples figurent dans le formidable livre de Hans-Hermann Dubben et Hans-Peter Beck-Bornholdt, *Der Hund, der Eier legt,* Rowohlt, 2006, p. 234-235.

Biais d'information
« Pour ruiner un imbécile, donne-lui des informations. », dans : Taleb, Nassim, *Le Lit de Procuste, Aphorismes philosophiques et pratiques,* Les Belles Lettres, 2011.

Illusion des séries
Gilovich, Thomas, *How We Know What Isn't So: The Fallibility of Human Reason in Everyday Life,* Free Press, 1991.

Kahneman, Daniel ; Tversky, Amos, « Subjective Probability: A Judgment of Representativeness », *Cognitive Psychology* 3, 1972, p. 430-454.

Cet article a suscité la controverse en brisant la croyance de nombreux sportifs et commentateurs sportifs dans la « vague de chance », cette tendance à surfer sur le succès : Gilovich, Thomas ; Vallone, Robert ; Tversky, Amos, « The Hot Hand in Basketball: On the Misperception of Random Sequences », *Cognitive Psychology* 17, 1985, p. 295-314.

Au sujet de la tranche de pain grillé faisant apparaître le visage de la Vierge : http://news.bbc.co.uk/2/hi/4034787.stm.

L'illusion des séries est connue depuis des siècles. Déjà au XVIIIe siècle le philosophe écossais David Hume affirmait dans *Histoire naturelle de la religion* (1757) : « Nous voyons des visages dans la lune et des armées dans les nuages. »

D'autres exemples figurent dans le Wikipédia anglais sous le titre « Perceptions of Religious Imagery in Natural Phenomena ». Par exemple : « Le *nun bun* était une pâtisserie à la cannelle dont la forme tortillée ressemblait au nez et aux bajoues de Mère Teresa. Il a été découvert dans un café de Nashville en 1996, mais volé à Noël en 2005. *Our Lady of the Underpass* était une autre apparition de la Vierge Marie, cette fois sous l'aspect d'une tache de sel sous l'autoroute 94 à Chicago. Cette illusion a attiré les foules et stoppé le trafic pendant des mois en 2005. Parmi les autres cas, citons *Hot Chocolate Jesus*, Jésus dans un cocktail de crevettes, Jésus sur une panoramique dentaire et *Cheesus* (un *Cheeto* (petit biscuit au fromage) en forme de Jésus). *Seattle Times* 22.05.1997 : "Mother Teresa Not Amused" »

La ressemblance avec des visages s'appelle la paréidolie. On peut voir un visage dans une montre, dans le capot d'une voiture ou dans la lune.

Le cerveau traite différents objets à différents endroits. Dès qu'un objet offre l'apparence d'un visage, le cerveau le traite comme s'il s'agissait d'un visage – différemment d'autres objets.

Soit dit en passant : je ne comprends pas comment des individus peuvent reconnaître le visage de Jésus (ou de la Vierge Marie). Nul ne sait à quoi ressemblait véritablement le Christ. Nous n'avons pas de portraits de son vivant.

Justification de l'effort (*effort justification*)

Aronson, E. ; Mills, J., « The Effect of Severity of Initiation on Liking for a Group », *Journal of Abnormal and Social Psychology* 59, 1959, p. 177-181.

Norton, Michael I., « The Ikea Effect: When Labor Leads to Love », *Harvard Business Review* 87 (2), 2009, p. 30.

Norton, Michael I. ; Mochon, Daniel ; Ariely, Dan, « The Ikea Effect: When Labor Leads to Love », *Journal of Consumer Psychology* 21 (4), 09.09.2011.

Loi des petits nombres

Daniel Kahneman nous en fournit un excellent exemple dans *Système 1, système 2 : Les deux vitesses de la pensée*, Flammarion, Essais, 2012. Le cas du taux de vols à l'étalage dans une chaîne de magasins s'inspire fortement de l'exemple de Kahneman.

Effet des attentes

Nous n'avons pas abordé ici l'asymétrie. Les actions qui dépassent les attentes augmentent en moyenne de 1 %. Les actions inférieures aux attentes diminuent en moyenne de 3,4 %. (Voir Zweig, Jason, *Your Money and Your Brain*, Simon and Schuster, 2007, p. 181.)

Rosenthal, Robert ; Jacobson, Lenore, *Pygmalion à l'école*, Casterman, 1996.

Feldman, Robert S. ; Prohaska, Thomas, « The Student as Pygmalion: Effect of Student Expectation on the Teacher », *Journal of Educational Psychology* 71 (4), 1979, p. 485-493.

Illusion du « c'est logique ! »

Frederick, Shane, « Cognitive Reflection and Decision Making », *Journal of Economic Perspectives* 19 (4), 2005, p. 25-42.

Shenhav, Amitai ; Rand, David G. ; Greene, Joshua D., « Divine Intuition: Cognitive Style Influences Belief in God », *Journal of Experimental Psychology*, 19.09.2011.

Effet Forer

L'effet Forer est également appelé effet Barnum. Le directeur de cirque Phineas Barnum a conçu son spectacle selon la devise « A little something for everybody »

Dickson, D. H. ; Kelly, I. W., « The "Barnum Effect" in Personality Assessment: A Review of the Literature », *Psychological Reports* 57, 1985, p. 367-382.

Forer, B. R., « The Fallacy of Personal Validation: A Classroom Demonstration of Gullibility », *Journal of Abnormal and Social Psychology* 44 (1), 1949, p. 118-123.

Vous trouverez une bonne définition de l'effet Forer dans le *Skeptic's Dictionary* : http://www.skepdic.com/forer.html.

Folie du bénévolat

Ce chapitre est celui qui a suscité le plus grand nombre de réactions des lecteurs. L'un d'entre eux m'a fait remarquer qu'il serait encore mieux de faire fabriquer les abris pour oiseaux en Chine (et non par un menuisier du coin). Naturellement, ce lecteur a raison si l'on ne tient pas compte du préjudice écologique *via* la logistique. En réalité, la folie du bénévolat n'est rien d'autre que la loi de l'avantage comparatif de David Ricardo.

Knox, Trevor M., « The Volunteer's Folly and Socio-economic Man: Some Thoughts on Altruism, Rationality, and Community », *Journal of Socio-Economics* 28 (4), 1999, p. 475.

Heuristique d'affect

Kahneman, Daniel, *Système 1, système 2 : Les deux vitesses de la pensée*, Flammarion, Essais, 2012.

Winkielman, P. ; Zajonc, R. B. ; Schwarz, N., « Subliminal Affective Priming Attributional Interventions », *Cognition and Emotion* 11 (4), 1997, p. 433-465.

Hirshleifer, David ; Shumway, Tyler, « Good Day Sunshine: Stock Returns and the Weather », *Journal of Finance* 58 (3), 2003, p. 1009-1032.

Illusion d'introspection

Schulz, Kathryn, *Being Wrong*, Ecco, 2010, p. 104-106.

Gilovich, Thomas ; Epley, Nicholas ; Hanko, Karlene, « Shallow Thoughts About the Self: The Automatic Components of Self-Assessment », dans : Alicke, Mark D. ; Dunning, David A. ; Krueger, Joachim I., *The Self in Social Judgment. Studies in Self and Identity*, 2005.

Nisbett, Richard E. ; Wilson, Timothy D., « Telling More Than We Can Know: Verbal Reports on Mental Processes », *Psychological Review* 84, 1977, p. 231-259. Réédité dans : Hamilton, David Lewis (éd.), *Social Cognition: Key Readings*, 2005.

Incapacité à fermer des portes

Ariely, Dan, *C'est (vraiment ?) moi qui décide*, Flammarion, Essais, 2008, chapitre 9.

Edmundson, Mark, « Dwelling in Possibilities », *The Chronicle of Higher Education*, 14/04/2008.

Néomanie
Taleb, Nassim, *Antifragile : Les bienfaits du désordre*, Les Belles Lettres, 2013.

Effet d'assoupissement (*sleeper effect*)
Carl Hovland a effectué ses travaux de recherche à partir du film de propagande *Why We Fight*. Vous pouvez le regarder sur YouTube.

Voir aussi Cook, Gareth, « TV's Sleeper Effect. Misinformation on Television Gains Power over Time », *Boston Globe*, 30.10.2011.

Jensen, J. D. *et al.*, « Narrative Persuasion and the Sleeper Effect: Further Evidence that Fictional Narratives Are More Persuasive Over Time », article présenté au 95e meeting annuel de la *National Communication Association*, Chicago, IL., novembre 2009.

Kumkale, G. T. ; Albarracín, D., « The Sleeper Effect in Persuasion: A Meta-Analytic Review », *Psychological Bulletin* 130 (1), 2004, p. 143-172.

Mazursky, D. ; Schul, Y., « The Effects of Advertisement Encoding on the Failure to Discount Information: Implications for the Sleeper Effect », *Journal of Consumer Research* 15 (1), 1988, p. 24-36.

Lariscy, R. A. W. ; Tinkham, S. F., « The Sleeper Effect and Negative Political Advertising », *Journal of Advertising* 28 (4), 1999, p. 13-30.

Biais de comparaison sociale
Garcia, Stephen M. ; Song, Hyunjin ; Tesser, Abraham, « Tainted Recommendations: The Social Comparison Bias », *Organizational Behavior and Human Decision Processes* 113 (2), 2010, p. 97-101.

Des joueurs B recrutent des joueurs C, etc. Vous pouvez voir la vidéo sur YouTube : Guy Kawasaki, *The Art of the Start*.

Les enfants manifestent déjà cette tendance à choisir des camarades de classe moins bons qu'eux dans la discipline où ils sont bons.

© Groupe Eyrolles

Certains auteurs ont l'intelligence de se livrer à une suren-
chère d'éloges mutuels, par exemple Niall Ferguson et Ian
Morris qui s'attribuent mutuellement le titre de « meilleur
historien ».

Effet de primauté et effet de récence

Effet de primauté : le psychologue Solomon Asch l'a étudié
scientifiquement dans les années 1940. C'est de lui que nous
tenons l'exemple qui ouvre ce chapitre.

Asch, Solomon E., « Forming Impressions of Personality »,
Journal of Abnormal and Social Psychology 41, 1946, p. 258-290.

Kahneman, Daniel, *Système 1, système 2 : Les deux vitesses de la
pensée*, Flammarion, Essais, 2012.

Le dernier spot publicitaire avant le film est également
le plus cher pour une autre raison : parce qu'il attire le plus
grand nombre de téléspectateurs qui arrivent juste avant que
le film commence.

Glenberg, A. M. *et al.*, « A Two-process Account of Long-
term Serial Position Effects », *Journal of Experimental Psychology:
Human Learning and Memory* 6, 1980, p. 355-369.

Howard, M. W. ; Kahana, M., « Contextual Variability and
Serial Position Effects in Free Recall », *Journal of Experimental
Psychology: Learning, Memory, and Cognition,* 24 (4), 1999, p. 923-
941.

Effet de saignée

Voir le Wikipédia anglais sur la saignée (*bloodletting*).

Seigworth, Gilbert, « Bloodletting over the Centuries », *The
New York State Journal of Medicine*, December 1980, p. 2022-2028.

Syndrome du « Not Invented Here »

Katz, Ralph ; Allen, Thomas J., « Investigating the Not Invented
Here (NIH) Syndrome: A Look at the Performance, Tenure and
Communication Patterns of 50 R&D Project Groups », *R&D
Management* 12, 1982, p. 7-19.

En 2001 Joel Spolsky a écrit une chronique de blogue
intéressante contre ce syndrome. Sur Internet sous le titre *In
Defense of Not-Invented-Here-Syndrome*. Sa thèse : les meilleures

équipes à l'échelle internationale ne devraient pas dépendre de l'évolution d'autres équipes ou d'autres entreprises. Et s'il s'agit d'une partie essentielle de son propre produit, on devrait le concevoir de A à Z. Cela limite les dépendances et garantit une qualité optimale.

Cygne noir
Taleb, Nassim, *Le Cygne noir : La puissance de l'imprévisible*, Les Belles Lettres, 2008.

Dépendance au domaine
« La dépendance au domaine, c'est quand on agit d'une certaine manière dans un environnement donné et d'une autre manière dans un autre environnement. » Taleb, Nassim, *Le Lit de Procuste, Aphorismes philosophiques et pratiques*, Les Belles Lettres, 2011.

Un petit aperçu extrait du livre : « Le meilleur exemple de dépendance au domaine de notre cerveau est tiré de ma récente visite à Paris : lors d'un déjeuner dans un restaurant français, mes amis ont mangé la chair du saumon et laissé la peau ; au dîner dans un bar à sushis, ces mêmes amis ont mangé la peau et laissé la chair du saumon. »

Dans son nouveau livre *Antifragile*, Nassim Taleb donne un bon exemple de la dépendance au domaine : « J'ai eu un exemple vivant de dépendance au domaine devant un hôtel de Dubaï. Un type qui avait l'air d'un banquier (je reconnais les banquiers à tous les coups car j'y suis allergique physiquement) s'est fait porter ses bagages par l'un des portiers de l'hôtel. Un quart d'heure plus tard je l'ai vu soulever des poids à la salle de gym, essayant de reproduire des exercices naturels, comme s'il soulevait une valise. »

La violence conjugale est deux à quatre fois plus fréquente dans les familles de policiers que dans les familles moyennes. Voir : Neidig, P. H. ; Russell, H. E. ; Seng, A. F., « Interspousal Aggression in Law-enforcement Families: A Preliminary Investigation », *Police Studies* 15 (1) 1992, p. 30-38.

Lott, L. D., « Deadly Secrets: Violence in the Police Family », *FBI Law Enforcement Bulletin,* November 1995, p. 12-16.

Voir l'exemple de Markowitz dans : Zweig, Jason, *Your Money and Your Brain,* Simon and Schuster, 2007, p. 4.

La dépendance au domaine est liée à la structure modulaire du cerveau. Si vous êtes habile de vos mains (ce qui est le cas des pianistes, par exemple), cela ne veut pas dire que vous êtes aussi habile de vos jambes (ce qui est le cas des footballeurs). Les deux régions cérébrales sont situées dans le « cortex moteur », mais pas au même endroit, ni même l'une à côté de l'autre.

Effet de faux consensus
Gilovich, Thomas ; Griffin, Dale ; Kahneman, Daniel, *Heuristics and Biases: The Psychology of Intuitive Judgment,* Cambridge University Press, 2002, p. 642.

L'exemple du panneau : Ross, L. ; Greene, D. ; House, P., « The False Consensus Effect: An Egocentric Bias in Social Perception and Attribution Processes », *Journal of Personality and Social Psychology* 13, 1977, p. 279-301.

Cet effet se recoupe en partie avec d'autres biais cognitifs. Par exemple, le biais de disponibilité peut engendrer l'effet de faux consensus. Celui qui examine sérieusement une question dispose facilement des conclusions et croit, à tort, que les autres y accèdent tout aussi facilement.

La sensibilité aux incitations influence également l'effet de faux consensus. Celui qui veut défendre une idée avec conviction se persuade mieux que quiconque que beaucoup de gens (voire la majorité) partagent sa conviction et que ce qu'il dit ne tombe pas dans l'oreille d'un sourd.

L'effet de faux consensus est également appelé « réalisme naïf » en philosophie : les individus sont convaincus que leur point de vue est bien pensé et que ceux qui ne le partagent pas finiront par accéder à la vérité *via* une réflexion et une ouverture d'esprit suffisantes.

Bauman, Kathleen P. ; Geher, Glenn, « We Think You Agree: The Detrimental Impact of the False Consensus Effect on Behavior », *Current Psychology* 21 (4), 2002, p. 293-318.

Falsification de l'histoire
Concernant Gregory Markus, voir : Schulz, Kathryn, *Being Wrong*, Ecco, 2010, p. 185.

Concernant les souvenirs flash, voir : ibid. p. 17-73.

En 1902, le professeur de criminologie Franz von Liszt de l'université de Berlin a montré que les meilleurs témoins à la barre se trompent sur au moins un quart de leurs souvenirs des faits. Ibid. p. 223.

Biais endogroupe/exogroupe
« La vie à l'état sauvage implique la concurrence, et les groupes sont mieux adaptés pour faire face à la concurrence que les individus. Les individus, eux, ne peuvent généralement pas rivaliser avec les groupes. Par conséquent, une fois que les groupes existent, tous les individus doivent en rejoindre un. Ne serait-ce que pour leur autoprotection. » Baumeister, Roy, *The Cultural Animal*, Oxford University Press, 2005, p. 377.

La suggestion de la parenté est également appelée « pseudo-parenté », voir : Sapolsky, Robert, « A Bozo of Baboon », discours sur Edge.org.

Tajfel, Henri, « Experiments in Intergroup Discrimination », *Scientific American* 223, 1970, p. 96-102.

Intolérance à l'ambiguïté
Le professeur Frank Knight (1885-1972) de l'université de Chicago fut le premier à établir une distinction très claire entre le risque et l'incertitude : Knight, F. H., *Risk, Uncertainty, and Profit*, Houghton Mifflin, 1921.

Le paradoxe d'Ellsberg est encore un peu plus compliqué. Vous trouverez son explication plus détaillée sur Wikipédia.

Oui, nous fuyons l'incertitude. Et pourtant elle a des aspects positifs. Supposons que vous vivez dans une dictature et que vous souhaitez publier un ouvrage en évitant la censure. Vous recourez alors à l'ambiguïté.

Effet du choix par défaut

Johnson, Eric ; Goldstein, Daniel, « Do Defaults Save Lives? », *Science* 302 (5649), 21/11/2003 : 1338-1339.

Sunstein, Cass ; Thaler, Richard, *Nudge : La méthode douce pour inspirer la bonne décision*, Vuibert, 2010.

Kahneman, Daniel, *Système 1, système 2 : Les deux vitesses de la pensée*, Flammarion, Essais, 2012.

Peur des regrets (*fear of regret*)

Kahneman, Daniel, *Système 1, système 2 : Les deux vitesses de la pensée*, Flammarion, Essais, 2012.

Au sujet des traders, voir : Statman, Meir, « Hedging Currencies with Hindsight and Regret », *Journal of Investing*, Summer, Vol. 14, N° 2, 2005, p. 15-19.

Un exemple de peur des regrets : « La peur des regrets a toujours été ma source d'inspiration » : Maurizio Cattelan sur son enquête du musée Guggenheim, *Blouin ArtInfo*, 02/11/2011.

Nous éprouvons davantage de pitié envers Anne Frank qu'envers une fillette du même âge subitement arrêtée et déportée à Auschwitz. Comparée aux autres arrestations, l'histoire d'Anne Franck est une exception.

Effet de saillance

Baumeister, Roy, *The Cultural Animal*, Oxford University Press, 2005, p. 211.

De Bondt, Werner F. M. ; Thaler, Richard H., « Do Analysts Overreact ? » dans : Gilovich, Thomas ; Griffin, Dale ; Kahneman, Daniel, *Heuristics and Biases: The Psychology of Intuitive Judgment*, Cambridge University Press, 2002, p. 678-679.

Plous, Scott, *The Psychology of Judgment and Decision Making*, McGraw-Hill, 1993, p. 126.

L'effet de saillance est apparenté au biais de disponibilité. Dans les deux cas, l'information la plus disponible possède une force explicative exagérée ou engendre une motivation à agir disproportionnée.

Effet de l'argent de la maison
Sunstein, Cass ; Thaler, Richard, *Nudge : La méthode douce pour inspirer la bonne décision*, Vuibert, 2010.

Bernstein, Peter L., *Plus fort que les dieux, La remarquable histoire du risque*, Flammarion, Essais, 1998.

Carrie M. Heilman *et al.*, « Pleasant Surprises », *Journal of Marketing Research*, May 2002, p. 242-252.

Henderson, Pamela W. ; Peterson, Robert A., « Mental Accounting and Categorization », *OBHDP*, 1992, p. 92-117.

L'effet de l'argent de la maison peut également s'appliquer en politique. Dans le cadre de la réforme des impôts décidée par le président Bush en 2001, chaque contribuable américain a reçu un crédit de 600 dollars. Les individus qui ont considéré ces 600 dollars comme un cadeau de l'État ont dépensé trois fois plus d'argent que ceux qui l'ont considéré comme leur propre argent. C'est ainsi qu'un avoir fiscal peut être utilisé pour relancer l'économie.

Procrastination
Zweig, Jason, *Your Money and Your Brain*, Simon and Schuster, 2007, p. 253, 262.

Baumeister, Roy ; Vohs, Kathleen, *Handbook of Self-Regulation*, The Guilford Press, 2004.

Ariely, Dan ; Wertenbroch, Klaus, « Procrastination, Deadlines, and Performance: Self-control by Precommitment », *Psychological Science* 13 (3) 2002, p. 219-224.

Piège de l'envie
L'envie est l'un des sept péchés capitaux de l'Église catholique. Dans la Genèse, Caïn tue son frère Abel par jalousie (Dieu ayant préféré l'offrande d'Abel, un agneau, à celle de Caïn, des fruits). Le premier homicide de la Bible.

L'une des plus célèbres histoires de jalousie est celle de Blanche-Neige. La belle-mère de Blanche-Neige lui envie sa beauté. Elle charge un chasseur de tuer Blanche-Neige et de lui rapporter son cœur, mais ce dernier n'a pas le courage de commettre un tel crime. Blanche-Neige s'enfuit dans la forêt où elle est recueillie par les sept nains. Très en colère suite à sa mauvaise expérience de la sous-traitance, la méchante reine décide d'agir elle-même et d'empoisonner Blanche-Neige en se déguisant en vieille femme.

Munger : « Se préoccuper de savoir que quelqu'un gagne de l'argent plus vite que vous est l'un des sept péchés capitaux. L'envie est un péché vraiment stupide parce qu'il ne procure aucun plaisir. C'est beaucoup de souffrance et aucun plaisir. Pourquoi se faire autant de mal ? » Dans Munger, Charles T., *Poor Charlie's Almanac*, Donning, 2008, p. 431.

Bien sûr, l'envie n'est pas toujours méchante, elle peut aussi être inoffensive et parfaitement naturelle. Par exemple le grand-père qui envie la jeunesse de ses petits-enfants. Ce n'est pas de la jalousie, simplement il aimerait bien retrouver cette jeunesse et cette insouciance.

Personnification
Small, Deborah A. ; Loewenstein, George ; Slovic, Paul, « Sympathy and Callousness: The Impact of Deliberative Thought on Donations to Identifiable and Statistical Victims », *Organizational Behavior and Human Decision Processes* 102 (2), p. 143-153.

Illusion du « ce qui ne me tue pas me rend plus fort »
Markus, Gregory, « Stability and Change in Political Attitudes: Observe, Recall and Explain », *Political Behavior* 8, 1986, p. 21-44.

Illusion d'attention
Chabris, Christopher ; Simons, Daniel, *The Invisible Gorilla – and Other Ways our Intuition Deceives Us*, Crown Archetype, 2010, introduction et p. 1-42.

Pour la conduite en état d'ébriété, voir : Redelmeier, D. A. ; Tibishirani, R. J., « Association between Cellular-telephone

Calls and Motor Vehicle Collisions », *New England Journal of Medicine*, 336, 1997.

Voir aussi : Strayer, D. L. ; Drews, F. A. ; Crouch, D. J., « Comparing the Cell-Phone Driver and the Drunk Driver », *Human Factors* 48, 2006, p. 381-391.

Et si, au lieu de téléphoner, vous conduisez en papotant avec votre passager ? Dans cette situation, les chercheurs n'ont rien découvert de négatif. Premièrement, les propos échangés avec un passager sont beaucoup plus compréhensibles qu'avec quelqu'un au téléphone, c'est-à-dire que votre cerveau fait moins d'efforts pour déchiffrer les signaux. Deuxièmement, votre passager comprend quand la situation devient critique et que la discussion doit être momentanément interrompue. Vous ne vous sentez pas obligé de poursuivre la conversation à tout prix. Troisièmement, votre passager possède des yeux, lui aussi, ce qui signifie qu'il peut vous avertir d'un danger potentiel.

Fausses déclarations stratégiques (*strategic misrepresentation*)

Flyvbjerg, Bent, *Megaprojects and Risk: An Anatomy of Ambition*, Cambridge University Press, 2003.

Jones, L. R. ; Euske, K. J., « Strategic Misrepresentation in Budgeting », *Journal of Public Administration Research and Theory*, J-Part, October 1991, p. 437-460.

« Dans les rencontres en ligne, les hommes ont davantage tendance à faire de fausses déclarations stratégiques sur leurs biens, l'objectif de leurs relations, leurs intérêts et leurs attributs personnels, tandis que les femmes sont plus enclines à faire de fausses déclarations stratégiques sur leur poids. » Hall, Jeffrey A. *et al.*, « Strategic Misrepresentation in Online Dating », *Journal of Social and Personal Relationships* 27 (1), p. 117-135.

Excès de pensée

Lehrer, Jonah, *Faire le bon choix – Comment notre cerveau prend des décisions*, Robert Laffont, 2010.

La réflexion mène à la sagesse – c'est du moins ce que la philosophie occidentale nous enseigne depuis 2 500 ans. Pourtant, ce n'est pas toujours le cas. Les Grecs le savaient déjà. Voir la fable du renard et du chat (Wikipédia anglais, « The Fox and the Cat »).

Masur, Barry C., *The Problem of Thinking Too Much*, Stanford Papers, 2004.

L'excès de pensée est connu dans le jeu d'échecs sous l'appellation de *syndrome de Kotov* : un joueur mène une réflexion beaucoup trop intense qui n'aboutit à rien et, pressé par le temps, finit par commettre une erreur de débutant.

Erreur de planification

Buehler, Roger ; Griffin, Dale ; Ross, Michael, « Inside the Planning Fallacy : The Causes and Consequences of Optimistic Time Predictions » dans : Gilovich, Thomas ; Griffin, Dale ; Kahneman, Daniel, *Heuristics and Biases: The Psychology of Intuitive Judgment*, Cambridge University Press, 2002, p. 250.

Taleb, Nassim, *Le Cygne noir : La puissance de l'imprévisible*, Les Belles Lettres, 2008.

Samuel Johnson écrivait : « Les individus qui se remarient représentent "le triomphe de l'espérance sur l'expérience". » En matière de planification, nous n'arrêtons pas de convoler !

La loi de Hofstadter : « C'est toujours plus long que vous le pensez, même si vous tenez compte de la loi de Hofstadter » – Hofstadter, Douglas, *Gödel, Escher, Bach : Les brins d'une guirlande éternelle*, Dunod, 1985.

L'erreur de planification s'apparente à l'excès de confiance. Dans l'excès de confiance, nous croyons posséder des capacités plus grandes qu'elles ne sont en réalité. Dans l'erreur de planification, nous croyons que notre capacité à prévoir le temps ou le budget nécessaire à la réalisation d'un projet est plus grande qu'elle n'est en réalité. Dans les deux cas nous sommes convaincus que le pourcentage d'erreur de nos prévisions (qu'il s'agisse de la réalisation d'objectifs généraux ou de délais fixés d'avance) est plus faible qu'il n'est en réalité. Cela signifie que nous savons que nous commettons des erreurs dans l'évaluation du temps nécessaire. Mais nous n'en restons pas moins persuadés que cela nous arrive très rarement.

Au sujet de la réunion « prémortem », voir : Kahneman, Daniel, *Système 1, système 2 : Les deux vitesses de la pensée*, Flammarion, Essais, 2012.

Robert Flyvbjerg (édité chez Oxford University Press) est le grand spécialiste des recherches sur les projets ambitieux. Il dit : « La tendance largement répandue à ne pas prendre assez au sérieux, voire à ignorer, le déroulement de projets comparables est peut-être la cause principale des erreurs de planification. » (Citation extraite de : Kahneman, Daniel, *Système 1, système 2 : Les deux vitesses de la pensée*, Flammarion, Essais, 2012.)

L'erreur de planification touche aussi le domaine militaire : « Aucun plan de bataille ne survit au contact avec l'ennemi. »

Voici un bon moyen d'éviter l'erreur de planification même si vous n'avez pas accès à une base de données de projets similaires : « Vous pouvez demander à d'autres personnes de porter un regard neuf sur vos idées et d'établir leurs propres prévisions concernant votre projet. Elles n'ont pas à prévoir le temps qu'elles mettraient elles-mêmes à réaliser ce projet (puisqu'elles aussi vont avoir tendance à sous-estimer le temps et le budget nécessaires), mais le temps que vous mettriez, vous (ou vos employés, vos fournisseurs, etc.). » (Chabris, Christopher ; Simons, Daniel, *The Invisible Gorilla*, Crown Archetype, 2010, p. 127.)

Déformation professionnelle
Munger, Charles T., *Poor Charlie's Almanac*, Donning, 2008, p. 452, 483.

Effet Zeigarnik

Baumeister, Roy, *Willpower*, Penguin Press, 2010, p. 80-82.

Nous ignorons si c'est un châle qui a été oublié au restaurant ou autre chose. Nous ignorons également s'il s'agissait bien de Bluma Zeigarnik ou si c'est quelqu'un d'autre qui est retourné au restaurant. Pour améliorer la fluidité de lecture de ce chapitre, j'ai supposé que c'était Bluma Zeigarnik qui avait oublié son châle.

Illusion de compétence (*illusion of skill*)

Warren Buffett : « D'après mes propres expériences et de nombreuses observations d'autres entreprises, un management efficace (mesuré par les performances économiques) dépend davantage du bateau dans lequel vous montez que de la force avec laquelle vous ramez (même si l'intelligence et le sens de l'effort aident considérablement dans n'importe quelle entreprise, bonne ou mauvaise). Il y a quelques années j'ai écrit : "Quand un management réputé brillant s'attaque à une entreprise réputée mauvaise, c'est la réputation de l'entreprise qui demeure intacte." Depuis, rien ne m'a fait changer d'avis sur la question. » (Miles, Robert : *Warren Buffett Wealth*, Wiley, 2004, p. 159.)

Kahneman, Daniel, *Système 1, système 2 : Les deux vitesses de la pensée*, Flammarion, Essais, 2012.

Effet de la caractéristique positive

Au sujet de la campagne anti-tabac : Zhao, Guangzhi ; Pechman, Connie, « Regulatory Focus, Feature Positive Effect and Message Framing », Advances in Consumer Research 33, 2006.

Pour un aperçu général des recherches sur l'effet de la caractéristique positive, voir : Kardes, Frank ; Sanbonmatsu, David ; Herr, Paul, « Consumer Expertise and the Feature-positive Effect : Implications for Judgement and Inference », *Advantages in Consumer Research* 17, 1990, p. 351-354.

© Groupe Eyrolles

Parti pris informationnel (*cherry picking*)
Burch, Druin, *Taking the Medicine: A Short History of Medicine's Beautiful Idea, and Our Difficulty Swallowing It*, Chatto and Windus, 2009.

Le parti pris informationnel dans la religion : les individus prennent dans la Bible ce qui leur convient et ignorent le reste. Si nous voulions prendre la Bible au mot, nous devrions, par exemple, lapider les fils désobéissants et les femmes infidèles, et tuer les homosexuels.

Le parti pris informationnel dans les prévisions : les prévisions qui se sont révélées exactes sont rendues publiques et brandies de façon triomphale après coup, alors que celles qui se sont révélées fausses ne sont même pas relevées. Voir l'illusion des prévisions dans mon livre précédent.

Biais de la cause unique
Chris Matthews cité dans : Chabris, Christopher ; Simons, Daniel, *The Invisible Gorilla – And Other Ways our Intuition Deceives Us*, Crown Archetype, 2010, p. 172.

Tolstoï, Léon, *La Guerre et la Paix*, Gallimard, Bibliothèque de la Pléiade, 1952, p. 793.

Tooby, John, « Nexus Causality, Moral Warfare, and Misattribution Arbitrage », dans : Brockman, John, *This Will Make You Smarter*, Doubleday, 2012, p. 34-35.

Biais de l'intention de traiter
Dubben, Hans-Hermann ; Beck-Bornholdt, Hans-Peter, *Der Hund, der Eier legt*, Rowohlt, 2006, p. 238-239.

REMERCIEMENTS

J e remercie Koni Gebistorf qui a rédigé les textes de main
de maître et leur a apporté la touche finale. Hans-Jürg
(Schoscho) Rufener pour nos discussions intelligentes sur des
objectifs de vie porteurs de sens. Un immense merci à Nassim
Nicholas Taleb – il n'y a personne avec qui je joue mieux
au « tennis des idées » (même si c'est outre-Atlantique). Nos
conversations quotidiennes sur l'art de penser et d'agir intelligemment font partie des moments forts de mon existence.
Je remercie les scientifiques de la communauté Zurich.Minds
pour nos innombrables discussions sur l'état de la recherche.
Je remercie Martin Janik de chez Hanser Verlag pour son
professionnalisme. Et celles et ceux qui travaillent au sein de
cette maison d'édition formidable – Michael Krüger, Felicitas
Feilhauer, Hermann Riedel, Gabriele Josiger, Martina Arendt,
Anna Markgref (et j'en oublie) ont largement contribué au
succès de ce livre et du précédent. Merci à John Brockman,
un agent extraordinaire, pour les éditions américaine et
britannique. Sans cette pression hebdomadaire à couler
mes propres pensées dans un moule lisible, les erreurs de
jugement et de conduite n'auraient jamais vu le jour sous
forme de livre. Je remercie le docteur Frank Schirrmacher
pour sa chronique dans le *Frankfurter Allgemeine Zeitung*,
Giovanni di Lorenzo et Moritz Müller-Wirth pour la publication des textes dans *Die Zeit* et Martin Spieler qui leur a
fait une petite place dans le *SonntagsZeitung*, permettant ainsi
aux lecteurs suisses d'y accéder. Merci aux artistes El Bocho
et Simon Stehle pour leurs illustrations. Merci du fond du

cœur aux rédacteurs Sebastian Ramspeck, Balz Spörri et Gabi Schwegler (*die SonntagsZeitung*), au D^r. Hubert Spiegel (*Die Frankfurter Allgemeine Zeitung*) et à Moritz Müller-Wirth (*Die Zeit*) qui, grâce à leur œil averti, ont éliminé les fautes et levé les ambiguïtés avant que la chronique parte à l'impression. Je porte l'entière responsabilité de tout ce qui reste après les nombreuses étapes successives qui ont permis à ce livre de voir le jour. Mon plus grand merci va à mon épouse Sabine Ried qui me prouve chaque jour que la « bonne vie » au sens d'Aristote ne se limite pas à l'absence d'erreurs de jugement et de conduite.

POUR ALLER PLUS LOIN

Ccademy est une académie qui forme à la prise de conscience et à l'élimination des erreurs de jugement. « C » pour *clarity* – clarté d'esprit. J'ai fondé cette entreprise parce que la demande de formation à l'amélioration des prises de décision dépassait largement mes capacités.

De nombreuses entreprises ont fait ce calcul très simple : il suffit d'améliorer la qualité des décisions au sein de l'entreprise de quelques points seulement pour améliorer les résultats de plusieurs millions. Ccademy est là pour les aider.

Ccademy apprend aux dirigeants, aux managers et aux équipes à éviter les erreurs de jugement et à améliorer la qualité de leurs décisions. La formation qu'elle dispense est spécialement conçue pour faciliter les décisions des acteurs de la vie économique.

www.ccademy.com

L'AUTEUR

Né en 1966, Rolf Dobelli a soutenu une thèse d'économie d'entreprise à l'université de Saint-Gall, en Suisse, avant de devenir PDG de différentes filiales de Swissair. Il est aujourd'hui chef d'entreprise. Il a fondé ZURICH.MINDS, une communauté internationale de personnalités éminentes issues du monde de l'économie, de la culture et de la science, ainsi que *Ccademy*, une académie destinée à améliorer les prises de décision des différents acteurs de l'économie. Il est également cofondateur de *getAbstract*, leader dans le commerce en ligne d'ouvrages économiques abrégés. Il occupe son temps libre à écrire des romans publiés chez l'éditeur suisse Diogenes. Rolf Dobelli vit à Lucerne.

www.dobelli.com

LES ILLUSTRATEURS

El Bocho – illustrateur et concepteur

El Bocho vit à Berlin. Diplômé en arts graphiques, il réalise des illustrations pour la sphère musicale et l'édition dominicale du *Frankfurter Allgemeine Zeitung*. Il est présent dans l'espace urbain comme dans les galeries d'art. Dans le cadre d'expositions et d'apparitions télévisées au Japon, en Russie et au Brésil, il joue le rôle de « l'observateur observant ». Il communique depuis des années à travers ses illustrations qui peuvent mesurer jusqu'à cinq mètres et qu'il installe dans l'espace public. El Bocho est donc devenu partie intégrante de la scène artistique urbaine.

Romantique dans l'âme, il produit des œuvres qui cherchent à attirer l'attention sur le caractère éphémère des aspirations.

www.elbocho.net

Simon Stehle – illustrateur

Simon Stehle vit et travaille à Berlin. Il a commencé par des études de design de communication à la Fachhochschule (École supérieure technique) de Trèves avant de décrocher un diplôme à l'International School of Design de Cologne. Au cours de ses études, il a fondé avec ses camarades une agence de design d'entreprise et de communication. Puis il a déménagé à Berlin où il a choisi de se spécialiser dans l'association étroite entre illustration et design. Depuis, il travaille en tant qu'illustrateur dans le design de communication, de produit et de mode.

www.simon-stehle.de

Composé par STDI

Achevé d'imprimer en france par Pollina - L66020
N° d'éditeur : 4794 – Dépôt légal : octobre 2013